# 道に迷ってしまって

ある年の夏、ユキさんたちは家族総出でカブトムシを採りに出かけた。

母親が運転するミニバンに父、ユキさん、中学生の妹、小学三年生の弟が乗り込み、昼過ぎに家を出発。目的地である岐阜県恵那郡の山に着いたのは三時間後の夕方頃だった。

一家は、すぐに野生のカブトムシを捕まえる準備に取りかかった。父の指示通り、クヌギやコナラの木に蜜を塗ったり、大きく張った白い布をライトで照らす作業をしているうち、辺りは真っ暗になっていく。その日は山で車中泊する予定だったので、コンビニでおにぎりやお菓子、ジュースなどを買い込み、カブトムシが集まってくるのを車のなかで待つことにしたそうだ。

しかし十九時、二十二時と仕掛けたポイントに行ってみたが、カナブンばかりで目的のカブトムシやクワガタの姿はない。

「採れないじゃん、カブトムシ」

ユキさんと妹は、もはやこの状況に飽きていた。だから深夜二時、父親から「もう一度見に行こう」と誘われても、睡眠をとる方を選んだのだ。

結局、弟だけが父に付いていったので、ここからは父親の体験談となる。

霧がかった真っ暗な山中を、懐中電灯で足元を照らしながら歩いていく二人。すると霧の向こうから、はっはっはっはっ……という息づかいと足音が聞こえてきた。獣かと思い身構えたものの、すぐにそれはジョギングをしている男だと分かった。安心した父と弟は、道の端によけて駆け足の相手とすれ違う。また歩き出そうとしたところで、ふと父親の心に違和感が生まれた。

よくよく考えると、深夜二時、懐中電灯も持たずに山の中をジョギングするのはおかしくないだろうか？

少し急ごう、と父親は幼い弟の手をつかみ、足早にポイントへと向かった。

山を下っていくと、今度は霧の中からボンヤリした灯りが近づいてきた。車がゆっくりとこちらに走ってきているのだ。車体があらわになるにつれ、それがずいぶんと古いデザインであることが見て取れた。

どうやら向こうもこちらを視認したらしく、二人の目の前で車がすうっと停止した。運転手の男が、サイドウインドウを手動でギコ、ギコ、と開けている動作が見える。そして全開にした窓から、こちらに身を乗り出してこう聞いてきた。

「フォークジャンボリーの会場までは、どう行けばいいですか？」

なんですか？　と父親。

「道に迷ってしまって。フォークジャンボリーの会場に行きたいんですけど」

言ってることはよく分からないが、危険人物ではなさそうだ。詳しく聞こうと車内を覗くと、助手席にはカップルの片割れとおぼしき女性が乗っていた。

よく見れば、男はパンタロン、女はチューリップハットを被っており、その他の服もどこか古めかしいデザイン。今どき珍しい格好をしているな、と思ったが、まあ深夜の音楽フェスに行くような人種なのだから奇抜なファッションでもおかしくはない。

ともあれ会場だという住所を尋ねたところ、少し離れた湖のキャンプ場を指しているようだった。

「ああ、その場所でしたら……先ほど通ってきた道に発電所がありますよね？　そこを右に曲がれば……」

発電所？　とドライバーは訝しそうに聞き返して、

「そんなものはなかった」

「いえいえ、大きい施設だし分かるはずです。一度そこまで戻って……」

「いや、絶対そんなものはなかった。見てないよなあ？」

何度かそんなやりとりが続いた。確かに同じ道について話しているはずなのにかみ合わないのだが、カップルが嘘をついているようには見えない。父親も地元民ほど土地勘がある訳ではないので、

「おかしいなぁ。だったらちょっと私にはわからないなぁ」

と答えると、カップルは諦めたようにため息をついた。そしてギコ、ギコ、と車の窓を閉め、静かに霧の中に消えていったそうだ。


結局、カブトムシは採取できなかった。

帰宅後、父親はカップルの言う「フォークジャンボリー」が気になり、ネットで調べたところ、次のような情報に行き当たった。

一九六九～七一年にかけて毎年八月、岐阜県恵那郡坂下町にある椛の湖湖畔で「全日本フォークジャンボリー」という野外音楽イベントが行われていた。通称、中津川フォークジャンボリー。日本のウッドストックとも呼ばれる伝説のイベントなので、ご存知の読者も多いだろう。

あのカップルは、もう行われていないフォークジャンボリーを目指していたのか……？

また、父親の示した発電所が、その当時は建設されていないことも判明した。

不思議なことはもう一つある。その場にいた弟が、一切この出来事を覚えていないのだ。父親はたいへん真面目な人で、嘘をつくようなタイプではない。ましてや子どもとはいえ同行者がいた状況で、意味不明の作り話をするはずもない。

なぜ弟の記憶がすっぽり抜けているのか？　他の家族はもうこの出来事を気にしていないが、ユキさんだけはたまに想像を巡らせてみる。

もしかしたら、その数分間だけ、弟と父親と車に乗ったカップルは、おかしな空間に迷い込んでいたのかもしれない。

いずれにせよ、父親と弟はこちらに帰ってこられた。

しかしあのカップルはその後、ちゃんとフォークジャンボリーの会場に辿りつけたのだろうか？

〝道に迷ってしまって〟

もしかしたら今もまだ、六十年代式の車に乗り、霧に包まれた恵那の山中をさ迷い続けているのではないだろうか。

# 小《こ》峰《みね》峠《とうげ》

奇妙な空間に足を踏み入れ、戻ってきた体験談がもう一つある。本書執筆中、セン君という若者から聞いたもので、体験した日付もごく最近だという。

セン君は東京都下に在住。その日は深夜一時、友人とともに、あきる野市をドライブしていたらしい。車のスピーカーからは、恐怖系の You Tube の音声が流れている。接続したスマートフォンで、そういったジャンルの動画を自動再生しているのだ。

ふと動画が切り替わり、往年のテレビ番組「ねるとん紅鯨団」の映像が流れた。とんねるずから理想のタイプを聞かれた中森明菜が「ミヤザキツトムさん……」と口走る。

あの幼女連続誘拐殺人犯である宮崎勤と何か関係があるのだろうかと噂される、ネットでは有名な恐怖動画だ。ただのコジツケに過ぎないのだが、当該回は初放送日にひどい放送エラーが起きてイレギュラーの再放送がなされるなど、奇妙な偶然が重なったような不気味さは感じられる。

この動画を初見だったセン君たちは、たちまち宮崎勤関連のオカルト話に興味を持った。すぐにコンビニに駐車し、インターネットを検索。すると「旧小峰峠、旧小峰トンネル」といった予測ワードとともに、心霊スポット紹介のサイトがひっかかった。開いてみた先は、背景が黄緑色のみ、テキストが単純にレイアウトされている、十数年前のネット普及期に作成されたと思しき古くさいホームページだった。

おそらくそこに書いてあったのは、宮崎勤と小峰峠にまつわる有名な都市伝説だろう。いわく、小峰峠やその旧トンネルに手のない幼女の霊が出る、それは事件四人目の被害幼女であり、宮崎の父親も自身が発行していた新聞で幽霊の噂話をとりあげていた……などなど。

詳しくは述べないが、これもまた根も葉もないデマである。完全に時系列や場所が混乱しているし、宮崎事件以前も以後も地元でそのような心霊の噂が立ったことはない。

ともあれ、そのホームページを閲覧していたセン君は、なにげなくページ下部に記された旧小峰トンネルの住所をタッチしてみた。

すると突然グーグルマップに移動し、ナビゲーションが開始されたのである。グーグルマップにリンクされているのは分かるが、なんの指示も無しにナビが始まるのはどういう仕組みだろうか。

多少の違和感が走ったものの、自分たちのいる場所から小峰峠まではそう遠くなさそうだ。二人はナビ通り車を走らせることにした。

二十分で目的地付近に着く。古びたコンクリートの壁がある廃棄物処理場のような建物が見えてきたので、その敷地内に駐車する。グーグルマップナビは、そこから見える真っ暗な道の先を指していた。未舗装の土の道路で、街灯もないため数歩先は闇に沈んでいる。

「……本当に行く?」

多少おじけづいたものの、せっかくだからと二人は車を降りた。スマホの懐中電灯アプリをかざし、土を踏みしめながら歩を進める。

もはや周囲は、ライトが照らす部分以外何も見えない。トマトのような独特の生臭さが鼻をついた。左右に灯りを振ると、道の両脇では葡萄らしきものを栽培する畑が続いていた。

グーグルマップナビを見ると、指示するライン、つまりトンネルまではまだまだ先を示している。ただ、葡萄《ぶどう》畑が途切れた向こうは、真っ暗な森林になっていた。道路の土はぬかるみが強まり泥のようになって、踏み込んだ足の裏がぐちゃりと沈む。

と、いきなり友人がライトを消した。

「どうした」

「だれかいる」

とっさにセン君もライトを消し、画面からの灯りが漏れないよう、モニター面を胸に押し当てた。

深い闇に包まれる。目をこらし、耳を澄ませると確かに、何者かが歩いてくる音がする。足音は小さく小刻みで、子供が走ってくるような響きだ。

「何が見える」と喉を響かせないよう小さく聞くと、「黒い塊。たぶん人」友人が囁《ささや》いた。

セン君は腕時計に目をやった。蓄光で光るライムグリーンの針がピッタリ「2」と「12」で止まっていた。

脂汗《あぶらあせ》が全身から噴き出した。上手く説明できないが、偶然「深夜二時ちょうど」だったことが、それまで抑えていた恐怖のスイッチを入れてしまったようだ。

踵《きびす》を返して走り出す。友人もそれにつられて駆け出した。途中で蹴つまずき、スマホを落としてしまう。慌てて拾い、未舗装の道を抜け、車に乗り込む。そのまま闇雲に車を走らせていると、左手首に痛みを感じた。スマホを拾った時に痛めたのかもしれない。

二十四時間営業のファミレスに転がり込んだ二人は、興奮状態のまま、何も注文せずに先ほどのことを語り合った。

もう一度ネットを調べるため、セン君がスマホをポケットから取り出すと、泥にまみれて電源が落ちていた。壊れたかと思ったが、幸い電源ボタンを長押しすると、画面が再起動された。

「おい」友人が自分のスマホ画面を見せつけてきた。

「小峰トンネルって、こうなってるぞ」

彼が見せてきたサイトには、幾つもの写真付きで旧小峰トンネルが紹介されていた。まず車道が途中で行き止まりとなり、鉄柵で仕切られた横から徒歩で入っていく。しかし道路はずっと舗装されており、少し進むとトンネルにたどり着く。反対側からまた新道に出るが、やはり泥道の部分など一切ない。

私自身も、セン君の話には違和感を覚えていた。何度か小峰峠および旧小峰トンネルを訪れているので、古いながらも道路が舗装されていたのは覚えている。道の両脇は杉のはえた斜面のため、畑をつくる余地など絶対にない。何より、どちらの入り口にも廃棄物処理場など存在していない。

しかし二人がサイトに記された住所でマップ検索すると、やはりつい十数分前までいた地点に間違いないのだ。そこまでの道筋も同じなのだが、ただその場所の「風景」だけがまったく異なっている。

「……さっきの場所、どこなの」

センン君は自分のスマホのグーグルマップ、ウェブブラウザを確認したが、履歴には何も情報が残っていなかった。そして何回検索してもあの背景が黄緑色の古くさいホームページは見つからなかった。

「僕たちは、どこに行ってきたのでしょうか」

そう私に尋ねてきたセン君の左手は、一ヶ月経った今でも、まだずっと捻挫《ねんざ》のような痛みが消えないそうだ。

# イタズラ電話

最期は、ずっと住んでいた我が家で死にたい。

余命わずかな祖父がそう言うので、病院からひきとることにした。

自宅の和室に置かれた介護ベッドで眠りこくる祖父に、もはや生命の灯火は感じられない。ただ大きな老人の人形が置かれているようだ。その姿が、武美さんの祖父にまつわる最後の記憶となった。

いや、正確に言えばもう一つ、心にひっかかる思い出がある。

祖父が帰ってきた日の夜、珍しく自宅の電話のベルが鳴った。

介護に疲れている両親に代わり、武美さんが対応に出る。

しかし相手は何もしゃべらない。

もしもし、もしもし、と繰り返しても無反応なので、ばかばかしくなって切ってしまった。

古いタイプの電話機なので、かけてきた相手の番号は分からない。

次の日の夜、また電話のベルが鳴る。出てみると、またも無言だ。すぐに切る。

一時間ほどして、もう一度かかってきた。案の定それも無言だった。

三日目の夜、今度は三回の無言電話がかかってきた。四日目には四回、五日目には五回。

一日ごとに一度ずつ回数が増えていく。

あまり続くようなら警察に相談した方がいいのかもしれない。

しかし同時に、これはあと数日のうちに終わるだろう、との予感もあった。

そして六日目の夜、やはり六度にわたる無言電話がかかってきた。

通話してみて無言であると確認するとすぐに切っていく。武美さんはそんな作業を六回、事務的に行った。

そして明け方、祖父が静かに息をひきとった。

彼女の予想通り、その日を境に、無言電話は二度とかかってこなくなった。

ちなみに六日間で二十一回かかってきた通話全てにおいて、相手の息遣いや空気音を感じることはなかった。

いくら耳を澄ましても、受話器の向こう側はまったくの「無音」だったそうだ。

また別の体験談として、葉月さんが新入社員の頃の話。
仕事に慣れていなかった彼女は、夜遅くまで残業することが多々あったという。
その夜も、無人の薄暗い社内にて書類を作成していると、
プルルルル、プルルルル
遠くの事務室から、内線電話の音が二コールだけ聞こえてきた。
他部署への電話なので気にしなかったのだが、
プルルルル、プルルルル
再び内線ベルの音が響く。
さきほどの事務室より近くで鳴ったようだ。
気になって外を覗いてみると、他の部屋も廊下の明かりも全て消されており、人の気配はいっさいない。
ではいったい、誰が内線コールをしているのか？
プルルルル、プルルルル
廊下の向こう、三つ隣の部屋から内線の音が二コール、鳴った。
デスクに戻ると、隣の隣の部屋からまた、
プルルルル、プルルルル

そして間をおいて、隣の部屋から、
プルルルル、プルルルル
葉月さんは机の上の電話をにらんだ。
プル
ベルが鳴るのと同時に受話器を取る。
「もしもし！　葉月です。まだいます！」
しかし聞こえたのはツー、ツー、という回線の切れた音。
何かの故障だろうか。
そう思ったとたん、受話器と反対側の耳元に、

もし、もし

細い女の声がささやいた。
とっさに振り向いたが、そこにはただ無人のデスクが並んでいるだけ。

# よわいみっつ

一九七八年初頭、冬の出来事。

現在は静岡県でホルモン焼き屋を営むTさんが高校生だった時の体験だ。

サッカー部に所属していたTさんは、「山駆け」の練習を行っていた。学校から内陸方向へ十キロほど行くと、住宅街が途切れ、山地になる。そのアップダウンを走り回るのが「山駆け」だった。サッカー部が走るルートは決まっており、いつもは獣道のような五キロのコースを、部員同士で順位を競いながら走っていたそうだ。

ただいつもと違い、その日の山駆けはTさん一人だった。少し前にTさんは大きな怪我をしており、まだ厳密には治療中のタイミングだったため、他部員とは別の練習メニューを組んでいたのだ。

はじめのうちは全力に近いペースで走っていたものの、競争相手がいないので徐々に気合いが入らなくなっていく。しばらくするとTさんの走りは、軽いジョギング程度のものになっていた。

そうなると、いつも競争に集中していたため気づかなかった風景が見えてくる。山道は途中にいくつかの分岐点があり、より細い獣道が奥へと続いているようだ。

Tさんは冒険心からその一つに分け入ってみることにした。蜘蛛の巣だらけの隘路《あいろ》が続いたが、少し行くとぽっかり開けた空間に出た。

そこには家だか物置だかわからない、小さな木造の平屋が朽ち果てていた。Tさんは休憩しようと、その小屋の軒先に腰掛けてみた。

木材は腰が沈み込んでしまいそうなほど傷んでいる。はたしていつ頃、誰がなんのために、こんな建物を造ったのか。

しばらくぼうっとしているうち、背後で何かの音が鳴り続けているのに気がついた。くぐもった音のため、すぐには分からなかったのだが、やがて人の声のようにも聞こえてきた。

振り返ると、奥の方に、小屋と同じくらいボロボロの服を着た子どもが一人、立っている。そしてこちらを見て、何かしきりにつぶやいているようだ。

まさかこんな建物に人が住んでいると思わなかった。Tさんは驚いて立ち上がり、いつものランニングコースへと駆け戻っていった。そしてもう練習自体がどうでもよくなったので、そのままTさんは学校に戻ることにした。

早足ほどの速度で山を下り、県道にさしかかる。当時はそこにバス停があったのだが、めったに人がいるのを見かけることはなかった。

そのベンチに、先ほど見た子どもが腰掛けていた。

廃屋では一瞬しか見えなかったが、その破れかけた服は「おばあちゃん家の座布団みたいな柄」の着物で、オカッパが乱れたような髪型をしていることも分かった。ベンチに座った足が、地面から浮いてしまうほど小さな背丈である。

不気味ではあったものの、幼い子どものため危険は感じなかった。

それよりも、一種の好奇心が頭をもたげる。こんなに小さな子が、いちおう走って下山した自分を追い抜けるはずがない。あの山道には、自分たちの知らないショートカットがあるのだろう。その道を見つけたら、今後の山駆けでは他の部員に負けないではないか。

そんな考えを巡らせつつベンチに近づいていく。子どもはか細い声で何か呟いているようだった。

「…よわいみっつ……」

通り過ぎる瞬間、そんな言葉だけが聞き取れた。

翌日、グラウンドでシュート練習をしていると、ゴールネットの先、学校外へと続く柵の向こうに、昨日の子どもが立っているのが見えた。

遠目にはよく分からないが、やはり何か呟いているようでもある。

周りには保護者らしき人間も見当たらない。

……これは、おかしいぞ。

呑気なTさんも、さすがに怪しく思いはじめてきた。

その後も度々、子どもはTさんの目の前に現れた。通学路の大きな橋から見下ろした河川敷、学校近くの海辺の堤防の上など、こちらと一定の距離をとりながらも、いたるところに出没してくるのだ。

幻覚や気のせいで済ませられるようなボンヤリした姿ではない。じいっと何秒間見つめても、子どもは確かにそこに存在している。そしていつも、聞こえないような声でぶつぶつと呟いている。


そんなある日の深夜。Tさんが自室で眠りかけていると、真っ暗な部屋のどこかから、あの子どもの声が聞こえてきた。

「…よわいみっつ…よわいみっつ……て……」

ギクリとした途端、全身の身動きが取れなくなった。じっとしていると、背後からの子どもの声が次第にはっきり聞こえてくる。

「よわいみっつ……よわい…みっつ……にて……よわい…みっつにて」

声は、その一節をずっと繰り返していた。

体はほとんど動かせないし、動かせたところで後ろに子どもがいるかと思うと、振り向きたくもない。身じろぎもせずに朝を待つうち、いつのまにか子どもの声は聞こえなくなっていた。

そして次の日。

Tさんは「ソ連かぜ」という当時の流行病にかかってしまった。

幾日も高熱にうなされて死にかけたのだが、それ以降、子どもの姿は見なくなったそうだ。

ソ連かぜとは、いわゆるA型インフルエンザの一種。一九七七〜七八年、中国北西部およびソビエトから流行した。一説には、開発中の細菌兵器が研究所から流出したもの、とも言われている。

もっとも世界的な大流行までには至らなかった。この二〇数年前に、ほぼ同型遺伝子のウイルスが流行していたのが幸いし、二十三歳以上の人間に抗体がつくられていたからだ。

逆に言えば、Tさんのような少年少女たちは感染被害を受けてしまった。

ボロボロの子どもが、Tさんに何を伝えようとしていたのかは分からない。「よわいみっつ」とは「齢《よわい》三つ」のことだろうが、当時の彼は「齢」という言葉を知らなかった。後々になって意味が分かったそうなので、つまり自分が想像して組み立てた言葉ではない。

ちなみに20世紀最大のパンデミックは一九一八〜一九年にかけて大流行した「スペインかぜ」だ。世界人口が二十億人だった当時、感染者五億人以上、死者は五千万〜一億人とされている。もちろん日本でも相当数の犠牲者を出した。

このスペインかぜは、ソ連かぜと同型亜種のウイルスである。それとTさんの見た子どもが関係しているかどうか、もちろん断定はできないのだが。

# 鬼の襖《ふすま》絵

見渡す限りの荒野にいる。暗い空の下、地平線の向こうまで赤土が続き、遠くで炎の柱が幾つか、ぼうぼうと上がっている。

気がつくと、目の前に鬼が立っていた。

鬼はこちらに向かって両手でつかみかかってくる。その指はそれぞれ二本しかない。左右二本ずつの指で両側をつままれ、宙に持ち上げられると、そのまま地面に叩きつけられた。

倒れた自分の目の前に鬼の足の裏が迫り、そして頭が踏み潰されていくのを感じる。

そんな夢を、数え切れないほどの男たちが見たのだという。

最近訪ねた温泉街の、某旅館の若旦那が教えてくれた。その若旦那と私は仕事関係で絡みがあり、連絡やミーティングは一年以上前から重ねていた。そして私がその温泉街に滞在し、一週間ほど経った頃。

「そういえば、うちの旅館にも怪談めいた話がありました」

私も同席していた飲み会で、ふっと突然、彼の記憶の扉が開いたのである。


昔は日本全国どの温泉街にも、少し路地を外れると風俗関係の店が軒を連ねていたものだった。私も温泉については何度か仕事で調べているので人より詳しいと思うが、ある程度の歴史を持つ温泉街で、風俗業が一度も入らなかった場所はほぼありえない。江戸時代から明治大正、そして戦前戦後を経て高度経済成長期まで、温泉と風俗はワンセットの文化として捉えられていたのだ。


もちろんその街にも、数十年前まで色っぽい店の並ぶ区画が存在していた。

知り合いの若旦那の宿は、その区画のそばに位置している。今でこそ旅館業を営んでいるが、かつては社交場と料理屋を兼ねるような営業形態をとっており、大広間で飲み食いした男連中が、そうした商売の女性を呼ぶことも多々あった。

「その大広間の襖に、鬼の絵が貼ってあったらしいんですよ」

いつ誰が描いたものかは分からない。先々代あるいはもっと前の主人が貼ったものだが、なぜ飲食をして遊ぶ空間の襖に、鬼の絵など飾っていたのか、それも意味不明ではある。

ともかくある時期から、その絵について、客からクレームがつくようになったらしい。

なんでも広間で遊び疲れて眠ってしまうと、怖ろしい悪夢を見てしまうそうなのだ。地獄のような場所にいて、二本指の鬼に襲われる。そして最後には、その鬼に踏み潰されて殺される……といった夢なのだという。

そうした苦情があまりにも多く寄せられたため、当時の主人が、近くの寺院に絵を寄贈することにしたのである。

「それ、宿の隣にある寺ですか？」

私の質問に若旦那がうなずく。

「はい、今でも寺の応接間にその絵が飾ってありますよ。せっかくなら見てみますか？」

翌朝、私は若旦那とともに件の寺院を訪れた。その絵は広間の襖からはがされた後、寺院にて屛風に貼りかえられていた。

鬼の指は二本ではなく、四本指だった。それが坊主の格好をし、念仏をあげている。これ自体は「鬼の寒念仏《かんねぶつ》」というよくあるモチーフだ。さらにその横で、盲目の座頭《ざとう》が大げさに体をひねっている。

彼らの背後には、胸から下だけ描かれた男が二人。刀を差して足を大きく開き、肩をいからせている様子は、今にも鬼と座頭に襲いかかろうとしているようでもある。飄々《ひょうひょう》とした表情の鬼や座頭とは対照的に、男たちは暴力の予感をにじませている。しかし彼らの顔が見えないので、その攻撃性が怒りによるものか怯えによるものかは、よく分からない。

アンバランスな構図もあいまって、絵の奥から不穏な気配が濃密に漂ってくる。

「これは、いい。いい絵ですね」

日本画はおろか、美術全般の素養がカケラもない私だが、怪談めいた空気だけは感じ取れたような気がした。

寺のご住職も、若旦那とほぼ同年代である。彼らが生まれるよりもずっと前に寄贈されたこの絵について、詳しい事情を知る人は、もう誰もいないそうだ。

ただ、鬼に殺される悪夢を見たのは全員、女遊びの激しい男客ばかりだったとも伝えられている。

あるいは虐げられた女性たちの怨念を、この鬼坊主が引き受けたのかもしれない……。

鬼の指が半分になっているのは、絵を抜け出す時の代償として、こぼれ落ちたのだろうか。

絵を前にして、私はふとそう思った。

そしてその予感は、東京に帰宅してより強まることとなる。

ご住職からもらった情報を元に調べてみると、鬼の図案は明治〜大正の日本画家・鈴木松年《しょうねん》の「浮世又平《うきよまたべい》・鬼の念仏」をオマージュしていることが判明した。

浮世又平とは、近松門左衛門の浄瑠璃『傾城反魂香《けいせいはんごんこう》』に出てくる登場人物だ。まったく芽の出ない絵師だった又平が、もはや死を覚悟して渾身の自画像を描いたところ、その絵が物質をすり抜ける奇跡を起こす。おかげで実力を認められ出世する……といった「土佐将監閑居の場」は現代の歌舞伎でもよく演じられる。

ただ鈴木松年「浮世又平・鬼の念仏」は、その後日譚である「又平住家の場」（こちらは現在、演じられなくなったエピソードだ）を描いた作品のようだ。又平が逃亡中の姫をかくまったところ、追っ手の男たちが家へと攻めてくる。その危機に際し、またも又平の絵が奇跡を起こした。彼の描いた大津絵から、仏や明王、鬼や座頭が絵から抜け出し、追っ手を防いでくれたのである。

そうか、と私は合点がいった。おそらくあの襖絵も「又平住家の場」を描いていたのだろう。だから背後に肩をいからせた男二人（追っ手）が配置されていたのだ。

又平の起こした奇跡とはつまり「絵のキャラクターが現実へと抜け出して」「女性（逃亡中の姫）を助ける」というモチーフである。それは偶然にも、若旦那の店でかつて起こった「女をもて遊ぶ男たちが、絵の鬼にこらしめられる」という怪現象と似通っているではないか。

絵の鬼が現実に飛び出すというシーンを、また絵として描いたところ、その絵の鬼もまた現実（夢）に飛び出していく。ここには現実と虚構を渡る、何重もの境界侵犯が行われている。それこそがつまり、私がこの絵に対して直感的に覚えた「怪談めいた空気」だったのではないだろうか。

　ただ、気になることはもう一つある。寺にて屏風絵を見学していた際、若旦那がこうした言葉を呟いていたのだ。

「まあ、お客さんが悪夢を見たのとはまた別に、〝すごく悪いことがあったから〟この絵を寄贈することにしたらしいんですけどね……」

　もちろん私も「すごく悪いこと」とは何か問い質したが、そこまでは自分も聞いていない、とのこと。おそらくそれは本当なのだろう。また、たとえ事実を知っていたとしても、部外者の私にはきっちり隠し通すのが、客商売の社長として当然の行為だとも思う。

　だからこれは、まったくの私の邪推に過ぎないのだが……。その温泉街は、ずっと昔に大災厄に見舞われ、街ごと壊滅したという歴史を持っている。その時の風景はおそらく、見渡す限りの建物が崩壊し、あちこちで火の手があがる「地獄」のようなものだったろう。

　鬼の絵と、客の見た夢、そして「すごく悪いこと」がどのように結びついているのか。部外者の私には、ただ想像することしかできない。

# 喫茶店のマスター

これから登場する「喫茶店」は、現在でも同じ場所に、形を変えて営業中である。ここでは中国地方の某所とだけ記しておこう。

ことの発端は草刈さんが高校生だった時代。もう二十年も前になる。

その頃、草刈さんは消音機を外したバイクにて、行きつけの喫茶店に通う日々を送っていた。

店のマスターは四十代のおばさんで、ヤンチャな自分を可愛がってくれた。草刈さん自身も母のように慕っていたという。

初めて来店した時、マスターは自分が「オバケが見える」体質なのだと語った。当然というか草刈さんは、ヘラヘラと笑いながら信じる素振りすら見せなかった。

そこでマスターは彼を見て、しみじみとこう告げた。

「小学生の時、一番仲の良かった子が亡くなったでしょ？　その子、あんたのことものすごい力で守ってくれてるから、感謝しなさいよ」

マジか、本物かよ。

草刈さんは小学三年生の時、毎日のように遊んでいた一番の親友を白血病にて亡くしてしまっていたのだ。

なんでもマスターは十代の時、大きな病を患い何度も生死の境をさまよったそうだ。その頃から次第に、他の人には見えないものが見えてしまうようになっていった。そして病気が治った後、「苦しむ人を癒したい」と考え、行動に起こしたのだという。もっとも霊能者になった訳ではなく、とある現実的な職業に就いたということなのだが。その辺りのディテールは個人特定に繋がるので、草刈さんから書くのを止められている。

そうした中でマスターは多くの苦しむ人々に出会い、同時に不思議な体験も重ねていった。彼女の体験談は、高校生の草刈さんには非常に刺激が強く、感性を揺るがしてくれるものだった。

喫茶店に通ううち、草刈さんも奇妙なものを目撃するようになる。

いきなりマスターが顔を見上げたかと思うと「あ、神様が見にきてくれた」と呟いた。

視線を合わせると、店の天井に白い蛇が這っていた。なんだ、蛇か。マスターも蛇もごく自然に、当たり前のようにしていたので、その時の草刈さんは大して驚きはしなかった。

「でもよく考えてみればおかしいんですよ。天井裏じゃなくて、天井の下を逆さまに這っていたんです。いくら蛇だって、真っ平らなところを上下逆にはりついたりできませんよね？」

その白蛇は窓の辺りまで移動すると、するすると壁を下り、窓の外に消えていったそうだ。

また一つは、草刈さんがバイクで駐車場に入ろうとしている時のこと。ちょうどマスターも外で掃き掃除をしていた。すると突然、彼女の体が、大きな鉄球に激突したかのように一メートルほど後方に弾け飛んだ。ホウキで地面を掃く体勢のまま、駐車場のブロック塀に叩きつけられたのを確かに目撃したのである。

「鬼みたいなでっかいのにぶん殴られた」

その瞬間のことを、マスターは後にそう表現していた。

あるいは、それはこちらに敵意を持っている「オバケ」の仕業だったのかもしれない。マスターは折に触れて「喫茶店の道路を挟んだ向かいのバス停に、ずっとこっちを見ているオバケがいて気持ち悪い」と漏らしていたからだ。

その喫茶店は次第に、マスターが言うところの「オバケ」に苦しめられている人が集まるようになってきた。評判が高まっていくうち、誰もが知る有名芸能人たちもマスターの店にやってきたそうだ。

詳細は伏せるが、その中の一人の名前を聞いて、私は奇妙な偶然を感じた。

実は私もだいぶ昔、その芸能人が体験した心霊譚を取材していたからだ。もっとも本人から直接聞いた訳ではなく、二十年ほど前に付き人をしていた人物から得た情報なのだが。とはいえ、当の芸能人はかなり怯えていたそうだし、時期としてもちょうど同じタイミングとなる。もしかしたら同じ体験について相談するため、マスターの元を訪れていたかもしれない。

ともかく、マスターは困っている人の所へ出向いては、熱心に相談に乗るようにしていた。もちろん無償である。

「自分ができる限りの事はしてあげるよ」

ここでの「相談に乗る」とは、人間ではなく「オバケ」の方らしい。マスターは生きている人間よりもむしろ、あの世の存在の方に親近感を抱いているようでもあった。彼らのことを必ず「オバケ」と呼んでいたのも、親しみの表れだったのだろう。「オバケ」たちにこそ耳を傾け、懇意に話し合うことにより、事態を解決へ導いていく。

「あの人たちも苦しいからオバケやってんのよー」

そう明るく言い放つ笑顔が、今でも草刈さんの記憶に残っている。


そして、あの冬の日の午後がやってきた。

草刈さんはホットココアを飲みつつ、マスターに「彼女の作り方」を聞いていると、店のドアがぎいっときしむ音が聞こえた。

おや？　と違和感が走る。扉が開く音が鳴ったのは分かる。しかしそのドアにはカウベルが着いているので、開閉すれば必ず「カランコロン」と音がするはずなのだ。不審に思った草刈さんが入り口を確認しようとした瞬間。

「そのまま。振り返らないで」

マスターが静かに、しかし厳しい口調で言い放った。そしてカウンターを抜け出ると、扉の方へ足早に歩いていく。そのまま来店者とともに外に出ていったのが、背後の気配から察せられる。カランコロン、とカウベルがのどかに鳴った。

横目で確認すると、外の駐車場で、マスターが誰かと話し合っているのが見えた。ちょっと連絡事項を伝えるといった雰囲気ではない。そのままかなりの時間、二人の話し合いは続いていた。

　三十分ほどして、ようやく来店者はどこかに去っていった。そして店内に戻ってきたマスターは、「あんた、よく覚えておいてね」と、草刈さんにこんな忠告を伝えたのだった。

「もしも、〝おばちゃん、人が変わったな〟と感じる出来事があったら、もうここに来てはいけないよ」

　何があったのか聞きたかったし、聞いておけばよかった。しかしその時は、異様なまでに疲れたマスターの様子に、ただ肯くしかなかったのだ。冷めたココアを飲み干した草刈さんは、震えながらバイクにまたがり、店を後にした。


　それからしばらく雪の日が続き、バイクしか移動手段がない草刈さんは喫茶店に行くことができなかった。再度来店できたのは約二カ月後だったが、マスターは今までと変わりなく高校生の馬鹿話に付き合てくれた。「よかった。何も悪い事は起きなかったのか」と安心した。

　その後、就職活動が忙しくなってきた草刈さんは、以前ほど頻繁に店に顔を出さなくなった。そして仕事が始まるうち、フェードアウトするように喫茶店から遠ざかっていった。

「友達が悪徳霊能者に騙されているみたいで、相談乗ってほしい言うから、一緒に来てくれん？」

三年後のある日、恋人からそんな電話がかかってきた。近所のファミレスにて、その友人の娘と待ち合わせた草刈さんは、とりあえず霊能者がどんな容姿なのかと尋ねてみた。

「年齢はおそらく六十代女性……かなり太ってますね」

内心、悪徳霊能者はマスターではないかと怯えていた草刈さんは、似てもにつかぬ容姿に、ほっと胸をなでおろした。

「あ、そういえば名刺持ってます」

友人の娘が名刺をテーブルに置くと、そこにはマスターの名前が記されていた。

草刈さんは冷静を装いつつ、彼女に事情を問いただした。家庭環境の問題に悩んでいた彼女は、藁《わら》にもすがる思いで霊能者＝マスターのもとを訪れた。すると鑑定の結果、

「先祖におそろしい悪行をはたらいた人物がいて、その霊のせいで不幸が起こっている。全ての災いを収めるには三百万円かかる」

などと告げられてしまった。あまりの大金に悩んだ彼女は、どうするべきか草刈さんの恋人に連絡してきたのだった。

「……その人はもう、まともな人間じゃない」

草刈さんは彼女に、その霊能者はかつて自分が母の様に慕っていた知人であること、そしてあの冬に起こった体験を聞かせ、もう二度とコンタクトをとらないよう約束させた。

そこで話題を変え、しばらく雑談を重ねるうち、友人の娘の顔には明るさが戻ってきた。

しかしそれと反比例して、草刈さんの頭の中では、暗い困惑が強く強く渦巻いていった。

なんでだ？　何が起こったんだ？

帰宅した草刈さんは、急いで知り合いの男性に連絡をとった。彼はあの店の常連客であり、マスターと付き合っていた恋人でもある。いったいこの三年間に何があったのか。電話口の向こうから返ってきた男性の声も、暗く沈んでいた。

マスターがあの冬の日にあった人物には、やはり「オバケ」が憑いていたのだという。

ただそれは一筋縄でいくものではなかった。同地域でも、四国と同じような八十八ヵ所の霊場巡りが行われているのだが、その三十×番札所の「オバケ」に魅入られていたのだ。

それは修行をつんだ僧侶が化けたもので、生きている者すべてを恨んでおり、ものすごい力であの世へと引っぱりこもうとしている。そしてそれはマスターにも目をつけてきた。

もしかしたら、ずっとバス停から店内をにらみ続けていたのも、同じ「オバケ」かもしれない。

「あれはもう、自分ではとても適《かな》わない」

そう男性に漏らしていたマスターだったが、次第に言動がおかしくなっていった。金儲けしたりTV出演している霊能者たちをさんざん非難していたのに、相談者から金銭を、それも驚くほどの額を要求するようになっていく。

「除霊が私に課せられた生業だ。生きるためにしっかりお金をもらってやらなければならない！」

ついには、それまで「オバケ」と言っていた存在を「霊」と呼ぶようになった。

そして道場をつくるため中古の一軒家を探し始めた頃、耐えられなくなった男性はマスターと別れてしまったのだという。

「今はもう、彼女と会うことも連絡を取ることも無いから、それ以降は俺にも分からないんだ」

今になって不思議に思う。

そういえば、なぜ自分は、あの喫茶店に行かなくなってしまったのだろう。

さして明確な理由があった訳ではない。就職活動が終わったタイミングで、仕事に慣れてきた頃合で、顔を出すことなど幾らでもできたはずだ。

あれほど通いつめていた店の、母のように慕っていたマスターから、なぜ三年間も距離を置いていたのか？　おそらくマスターはもう「オバケ」が見える力を失っている。でもその前に、なぜ一度でも会ってあげられなかったのか。

いや、違う。

その理由は、マスターと最初に出会った日、彼女本人から聞いていたのだ。

「あんたが一番仲良かった子が守ってくれてるんだから、感謝しなさいよ」

親友は自分を守るため、もはや変わってしまったマスターと会わせないようにしたのだ。

草刈さんはそう思っているし、そう思わなければとてもやりきれない。

# 砂丘の廃墟

「本当は、もっと先のところに車を停めたんですよ」

立入禁止と書かれた柵の向こうを指さし、溝渕さんが説明する。

鳥取市在住のオカルト好きである彼は、私が同地を訪れていることをSNSで知り、コンタクトをとってきた。まず夕食を共にした後、自ら体験した怪談の現場へと連れていってもらったという次第である。

そこは鳥取砂丘近くの廃墟ホテルだった。現在では道の手前に封鎖ゲートがたてられたため、建物の姿を望むことはできない。それどころか、溝渕さんが柵の上に手を出しただけで警備アラームが鳴り響いてしまったので、我々は慌てて逃げ出さねばならなかった。最近の廃墟は近づくことすらかなわないのだ。

一昔前まで、この付近には奇妙な光景が広がっていたという。ゲートの先には某宗教団体の納骨堂があったし、おかしな看板が立ててあったりもした。その看板は書かれた文言だけでなく、作成された経緯も変わっている。

件《くだん》の廃墟ホテルであまりに心霊の噂が絶えなかったため、地元民が呼んだのかテレビか雑誌の企画なのか、高名な僧侶がお祓いに出向いたのだという。ただ、除霊は成功しなかったようである。なぜならその直後から、僧侶が書をしたためたとおぼしき看板が道ばたに設置されていたからだ。記された文面は次の通り。

「この先 霊の姿あらわれし 気をつけて通られよ」


溝淵さんも若い頃、悪友数名と廃墟ホテルへ突撃していった。

A棟がいちばんヤバいらしい……このホテルって人柱を塗り込めて建てたんだってよ……腹上死がたてつづけに三件あって潰れたんだろ……それでオーナー家族三人が火を放った上で首吊り自殺したんだって……。

日本全国の心霊スポット廃墟でささやかれているような噂を、真剣に話し合いながら探索していく。しかしこれまた他のスポットと同じく、べつだん怪現象が起こることもなく冒険は終了したのだった。

結局オバケなんて出なかったな。しらけたムードのまま廃墟前にて解散とあいなった。

皆が各々の車に乗り込んでいく中、溝淵さんだけは一人、車外でだらだらとタバコを吸い続けていた。「じゃあ気をつけて帰れよー」と友人たちが次々と発車していき、最後の一台を見送ったところで、溝淵さんはタバコを踏み消した。

「皆には黙ってたんですが、どうしても廃墟に戻らなきゃいけなかったんです」

先ほどの探索時、溝淵さんは廃屋内に落ちていたあるものに目をつけていたのだ。

「エロ本が三冊……当時はネットも無かったし、どうしても手に入れたかったんです」

発見場所ははっきり覚えている。万が一戻ってきた友人に見つかると恥ずかしいので、懐中電灯もつけず、暗闇の中を手探りで建物を移動する。霊など恐れぬ必死の一念で本を探しあてた溝渕さんは、また急いで車まで戻ってきた。片手にエロ本を抱え、息を切らしながら車のドアキーをさしこみ、ロックを外すために回す。

あれ、なんだ？

回らない。ロックを外す方向にひねっても、キーが動かないのだ。

正確に言えば、少し動いて、すぐ戻る。がっちり固まっているのではなく「ぐにゅぐにゅ」と押し戻される感触だ。

なんの故障だよ。

ぐにゅ、ぐにゅ、ぐにゅ。キーを回しては押し戻されつつ、鍵穴から目線を上げたところで、原因が判明した。

車の中、座席下から窓の方へと、白い手が一本のびていた。

その人差し指がドアロックの黒いポッチに添えられている。

そしてキーを回すたび上るポッチを、ぐにゅ、ぐにゅ、と押さえつけているのだ。

「なんとか家まで走って帰りましたよ」

車を取りに行ったのは翌朝。それも友だちに頼みこんで、一緒に同行してもらわなければならなかった。昨晩、現場に放り出したエロ本を見られたのが気まずかったそうだ。

# 止まった時計

十年以上前のある日、朔美さんは自分のマンションに女友達二人を招いた。

友人らを仮にA子、B子としておこう。A子は地方住まいで、たまに東京に訪れる時は、いつもB子の家に宿泊していたそうだ。

待ち合わせ時間である夕方、B子は車にて朔美さんのマンションにやってきた。A子は朝から一人、都心に出かけて買い物しているようだが、そろそろ到着するはずだという。

しかし待てど暮らせど、A子からの連絡がこない。

普段は約束守る子なのに、おかしいな。そう思っていると、当時のガラケーにA子から着信が入った。

「ごめーん！　今、マンションの下についた！」

迎えに行くと、A子は謝りつつ、こんな言い訳をしてきた。

「大変だったんだよ。時計が壊れちゃってさ」

確かに彼女が差し出した腕時計を見ると、まるで大きな石を何度も叩きつけたかのように、文字盤のガラスに幾つもヒビが入っている。絶対どこにもぶつけていないのに、気がつくと盤面が破壊されていたのだという。もちろん時針・分針ともに停止したままで、設定していたアラームも鳴りようがない。

「それでうっかりしてたら待ち合わせ時間、過ぎちゃってた！　ごめんね～」

ともあれ、部屋に集まった三人は、夕飯を食べたり、その時流行《はや》っていたテレビゲームをしたりと盛り上がった。

そうしてしばらく経った頃。

ピンポーン、と部屋のベルが鳴った。家主の朔美さんとB子は、ちょうどゲーム対戦が佳境だったこともあり「ごめん、A子ちゃん出て！」と対応を頼んだ。

A子は玄関先で来客と話した後、しばらくして戻ってきた。

「誰だったの？　こんな夜遅くに」

「うん、同じマンションの人だったよ。一一〇三号室に住んでるって言ってたけど」

訪ねてきたのは若い男だった。相手は氏名も名乗ってきたらしいが、よく聞き取れなかったとのこと。ともかく、一一〇三号室の住人はこう告げてきたらしい。

地下駐車場の右端に、こちらに訪ねてきたお客さんの車、停めてありますよね？　その車、ライトが点けっぱなしですよ。このままだとバッテリーあがっちゃうから、いちおう注意しておこうかと……。

確かに、B子の車はマンション地下の駐車場の来客スペース右端に停めていた。

「じゃあ確認しにいかなくちゃ」

B子一人では寂しいらしいので、三人で連れ立って地下へと降りていった。深夜の駐車場を横切りながら車へと近づいていく。しかしそのヘッドライトは完全に消えている。もしかしたらルームライトのことかもしれないと覗き込むが、

「なんだろ、どのライトも点いてないじゃん」

「おかしいね」「見間違えかな」「まあ親切で言ってくれたんだろうし……」

そう語り合っているうち、三人はあることに気づいた。

「……でも、なんでその人、この車がうちらのだって分かったのかな?」

もちろん駐車場の来客用スペースは限られている。しかし考えてみれば、そこに停めてある車が何号室を訪ねていったか分かるはずはない。

「ちょっと待って……A子ちゃん、さっき訪ねてきた人、何号室に住んでるって?」

「え? ああ、一一〇三? 一一〇四? とにかく、イチ・イチなん号室だって……」

「いや、そんな部屋、ここにはないよ」

このマンションは八階建てなので、一一〇〇番台の部屋は存在するはずがない。

「なにそれ！」「イタズラ？」「あの男の人がからかってきたの？」「でもイタズラにしても、そんなことする意味ないよね……」

「もうやだ、怖すぎる！　今日は帰りたくない！」

まだ田舎への終電はある時刻だったが、怖がりのA子は予定を延長し、B子とともに朔美さんの部屋に泊まらせてくれと主張してきた。しかしそうなれば、色々と必要なものも生じてくる。いったん車でB子の家へと戻り、A子の荷物をとって引き返してくる、との手はずになったそうだ。

朔美さんは自室にて、二人の到着を待つことにした。しかしいつまで経っても二人が戻ってこない。不安になって電話をかけてみたが、それもいっこうに繋がらない。

そして深夜もだいぶ過ぎた頃、ようやくB子から電話がかかってきた。

「……ごめん、私たち事故っちゃった」

「え！　大丈夫なの⁉」

どうも走行中、いきなりハンドルがとられるようにして走行不能になり、ガードレールや壁に激突する自損事故を起こしてしまったらしい。幸い二人はほとんど怪我が無かったのだが、軽いパニックと警察への対処で連絡を忘れてしまっていたとのことだった。

「もう私は落ち着いてるんだけど、A子がすごい怯えちゃってて……」

「そうだよね。そんな事故起こして怖かったよね」

「ううん、そういうことじゃないの」

警察に調書を取られているうちに、二人は気がついた。

今日の昼間に壊れたという、A子の時計。その止まった短長二つの針は、まさに彼女らが事故を起こした時刻をぴったり指し示していたのだ。

# 小樽の仏像

「これから海行かない？」

ケータイの向こうから悪友がそう言ってきた時は、やんわり断るつもりでいた。

札幌市で通信系の仕事をしていた大場さんが、七連勤を終えた休日前の二十三時過ぎ。

今夜は睡魔に負けるまでプレイステーション2の「ボンバーマンランド2」をプレイするつもりだったし、もはや疲れから意識が朦朧としていたところだった。

はぐらかしつつ「もう寝る」の一言を告げようとした大場さんだったが、友人の背後で聞きなれない声が響いていることに気づいた。

「誰かと一緒なん？」

「そうなんよ、女の子が二人」

とっさに大場さんはプレステの電源を切った。

当時、二十二歳だった大場さんは彼女と別れたばかりで心身ともに参っていた。休みの日も一人で過ごしてばかりだったのだ。

「まあ気晴らしに行ってみるかな」

そう告げれば、友人は予想通りとばかり「実はもうお前の家の前まできてるんよ、早く下りてこい」などとニヤついた声をかけ、すぐに通話を切ってしまった。

慌ててGパンを履き、Tシャツに袖を通す。ちょっと癪ではあるが、向こうも傷心の自分に気を使ってくれているのだろう。


家の前には見慣れないセダンが停まっていた。

「お前いつ免許取ったんよ？」

助手席に乗り込みながら聞くと、ほんの一週間前とのことだと言う。親切心というより、車を転がしたい一心から誘ってきたのかもしれない。

後部座席には二十歳かそれより若いであろう女の子が二人乗っている。

「高校の頃の空手部の後輩。海で花火したいっていうから。ついでにお前も誘った訳よ」

人見知りではなかった大場さんは彼女たちともすぐに打ち解け、他愛ない話を展開した。

車は札幌から最寄りとなる小樽市の「おたるドリームビーチ」を目指していた。

目的の花火はすでに用意されていたが、途中でコンビニに寄って軽食や飲み物を買い足した。ふだん社用車にしか乗らず、札幌市内しか走ったことのない彼にとって、札幌から小樽までの道はとても長く楽しく感じられたのだという。

三十分も走った頃だろうか。

住宅も何もない林道から開けた場所に出ると、そこに突然、石碑や石像が置いてある小さな石材屋が建っていた。

年季の入った事務所らしき建物の横に広いスペースがあり、売り物なのか見本なのか、種々様々な石碑や石像が置いてある。

大場さんは昔から、手のいっぱいはえた千手観音や怖い顔をした仁王像が大好きだった。とにかく異形かつ躍動感のある仏像には胸が高鳴ってたまらない。

「停めて停めて！　あそこ停めて！」

友人に無理やり停車させると、大場さんは一人で車外に出て、石像を見るため駆け出した。そして広々とした石材店の敷地を端から端まで、好みの石像を見つけようと小走りに巡っていく。友人は彼の趣味嗜好を理解しているので何も言わなかったが、今から思えば、女の子二人はかなり引いていたはずだ。

結局、自分の好きな系統の石像は見つからなかったため、ほどなくして車に戻っていった。その後の車内は無言のまま、海岸へと急いでいった。

ドリームビーチに着いた一行は、さっそく花火を開始した。すぐに皆がギャーギャーと喚き散らすようなハイテンションに達した。時刻は既に深夜一時をまわっている。誰も酒は入っていないが、非日常的なシチュエーションは奇妙な高揚感をもたらした。

花火が終盤に差しかかった頃、女の子二人がサンダルを脱ぎ捨てて海へと入っていった。膝下が海水につかるところまで進み、手持ち花火をぶんぶん回しながら黄色い声をあげている。

大場さんと友人は打ち上げ花火を小脇に抱え、彼女らに向かって走っていった。

その時、女の子の一人が嬌声とは別の、けたたましい悲鳴を発した。

他の全員の体が固まる。

少しして、男二人が恐る恐るその子のもとへと近寄っていった。

「足……足が……」

悲鳴をあげた子が足元を指さす。友人が海水の中に手を突っ込み、まさぐってみた。

冷静になった大場さんは、どうせクラゲにでも刺されたのだろうと思っていた。しかし友人が水の中から引き上げたものを見て、声を失った。

それは十センチ程の、金属でできた仏像だった。

とっさに友人は、その仏像を沖へと投げ捨てた。

仏像を踏んでしまった女の子は足の裏を傷つけたようで、友人に肩を借りながら車へと戻っていった。


車内は沈黙に包まれていた。先輩である友人は責任を感じているようだ。一刻も早く女の子たちを帰宅させようとしているのか、来た時とはまったく違う道路を走っていた。

「こっちの道のが札幌まで近いん？」

そう尋ねると、彼はコクリと頷いた。

車は夜の田園地帯を抜けていく。信号も少なく、スピードがどんどんと上がっていく。

大場さんはボンヤリと助手席の窓ガラスに映る自分の顔を見つめていた。

「いやあああ！」

突然、後部座席から女の子たちの悲鳴があがる。

「なっなんで！　なに⁉　なんなの⁉」

「どうしたよ！　どうしたんだって⁉」

友人は路肩に車を停めた。それでも悲鳴が止まないので、慌てた大場さんが室内灯のスイッチを弾いた。

後部座席の真ん中でオレンジ色の光に照らされたのは、先ほど海で放り投げたあの仏像だった。

大場さんと友人は車から飛び出し、後部座席のドアを開けて確認した。

「いや……なんで、なんで」

Tシャツが冷や汗でぐっしょり濡れているのが分かる。ともかく冷静になろうと辺りを見回してみたところ。

「……おい、ここって行きに通った道じゃないんだよな」

まったく違うルートで来ていることを、友人に確認した。

しかし前方二十メートル先に、あの石材屋が佇んでいたのだ。車をゆっくり近づけてみたところ、建物の形から置いてある石碑・石像が同じ数だけ同じものが置かれている。

行きに寄った店であることは間違いない。

唖然とする三人を尻目に、大場さんは後部座席から金属の仏像を取り、石材屋へと走っていった。

そして行きの時にも見たドラえもんの石像の横に、その仏像を供えるように置いて必死で祈ったという。

「こいつを頼みます！」

渾身《こんしん》の祈願が通じたのか、その後、自分と友人は不幸に見舞われていないそうだ。女の子二人の安否については、それ以降一度も会っていないので、彼の知るところではない。

# 太子堂にて

姉夫婦に子どもが生まれたので、猫野さん一家は久しぶりに全員集合とあいなった。赤ん坊を愛でつつ会話が弾んでいき、そこから話題がどう転がっていったのか。いつのまにか赤ちゃんの心肺蘇生について論じつつ、最終的には父親が「今まで何度も人の死に目に立ち会った」と告白してきた。

まずは父が小学生の時、近所の川に漂着したマネキンに石を投げていたら、実はそれが人間の死体だったところから始まる。

その後すぐ、学校のグラウンドにいた時に大きな地震に出くわし、同級生の女の子が地割れに挟まれて死ぬのを目の前で目撃。

大人になってからも、小田急線鶴川駅付近の踏切で、ロマンスカーに轢かれた女性の全身が破裂する瞬間を見たという。

さらに高校の体育教師になり、最初に赴任した学校でのこと。真夏にアメフト部の生徒四人が同時に熱中症で倒れ、三人は父が蘇生させたものの、一人だけ処置が間に合わずに死亡。ちなみに助けた三人の内の一人も、救急隊員がありえない処置ミスをしたために病院で亡くなった。

そこから転勤した学校でも、ピッチャー返しが、避けようとした野球部員の後頭部に当たり死んでしまう。体育教師は応急処置の講習を受けているため、校内で事故が起きれば救助を求められることが多い。とはいえ、そもそも死亡事故の少ない都立高校で、三人もの死亡を見届けた体育教師は、さすがに父だけかもしれない。

そこからまた話が飛んでいく。父いわく、人の死ぬ瞬間よりもよほど怖い一瞬を体験したのだという。

父は三十歳の頃、世田谷区太子堂の日本料理店に住み込みで働いていた。店舗と住居スペースは建物が地続きで、父は二階の一室をあてがわれていたそうだ。

入居した最初の晩に、こんな夢を見た。

小学生ほどの男児がこちらに背を向けて立っている。男の子は髪の毛も、半袖半ズボンから露出する肌にも、毛が一本として生えていない、どうやら彼は、遠くで遊ぶ同じ年頃の子どもたちを見ているようだ。その情景には寂しさも感じるのだが、同時になぜだかものすごく怖ろしい。説明のつかない恐怖心が、だんだんと父の心を覆っていく。

もう限界だ、どうしよう、どうしよう。

すると男児が、くるり、と振り向いた。

そこで目が覚める。全身に冷や汗をかいており、心臓は早鐘を打ち続けている。なぜその夢が怖いのか、まったく見当もつかなかった。

それから毎晩、父は同じ夢を見るようになってしまった。目覚める時刻まで、いつもぴったり決まっていたという。

さすがに気を病んだ父は、そのことを店の主人に相談してみた。すると主人は驚いた顔をしてこう言った。

「お前がここに住んだ日から、うちの娘も毎日毎晩おかしくなっているぞ」

十歳にも満たないその幼女は、父が悪夢に恐怖し、目覚めるのと同じ時刻に、寝ながらうなされているというのだ。

「……それは私のせいかもしれません」

そう謝る父に対し、店の主人は気にするな、と告げた。そして霊能者にお祓いを頼んだところ、それが功を奏したのか、父も例の夢は見なくなったという。

ひと月ほど経って、盆休みの時期がやってきた。

父は里帰りのため、山形県庄内に向かう特急列車に揺られていた。すると後方から、小走りに通路をかける足音が聞こえてきた。ふうっ、とそれが自分の横を通り抜た瞬間、全身に強烈な悪寒が走った。それは小さな男の子であり、一目でまったく毛が生えていないのが見てとれた。

少年は車両の継ぎ目のドアで立ち止まる。なぜか知らないが、そこにずっと佇んでいる。その背中を、父はボックス席から半身を乗り出して凝視していた。

くるり、と彼がこちらを振り向いた。

まぎれもなく、夢に出てきた男の子だった。

彼はそのまま微動だにせず、じいっと、いつまでも、父を見つめ続けた。


その時の情景を語る父の顔は、いつの間にか表情がいっさい無くなり、露出した肌はくまなく鳥肌が浮き立っていた。

恐怖の記憶とは、四十年以上経っても鮮明に残るものらしい。そう猫野さんは思った。

それから少しして、父親は太子堂の料理屋を去ったという。

数年後、まったくの偶然なのだが、父親の知人が店のすぐ近くに移り住んだ。すると入居する際、大家に、

「部屋にお供え物をして、一日置いてから入居してください」

と注意されたという。太子堂の辺りはかつて川が流れており、江戸時代にはその付近が処刑された遺体の置き場になっていたからだそうだ。

確かに、太子堂には烏山川が流れていて、暗渠となった今も歩行者専用の緑道としてその面影を残している。また、北に上った笹塚交差点付近は「牛窪」と呼ばれ、牛裂きの刑が行われた刑場との俗説があるのも事実だ。もっとも太子堂に江戸時代の死体置き場があったという説はついぞ聞いたことがない。

しかしだからといって、なぜ入居日の前日に供え物をしなければいけないのか。それは大家も何も言わなかったので、父の知人にも、その話を伝えてもらった父親にも分からないそうだ。

# なにしてるの

「学校の怪談」もまた怪談の一ジャンルと言って差し支えないだろう。ただ注意しなければいけないのは、「学校の怪談」の定義とは「どこかの学校で語られている怪談」という採集場所にまつわるルールであって、「実話怪談」のように内容そのもののルールを定義している訳ではない。だからその多くは体験者不在の、民話や都市伝説に近いものばかりだ。まあ私はそのような、実話とハッキリ言えない怪談もまた好きなので、なんとなく各地各校で独自に語られている「学校の怪談」を集めていたりする。すると中には体験者＝第一次情報者が特定された、実話怪談カテゴリーに組み込まれる話が採集できる場合もあるのだ。そんな「学校の実話怪談」を幾つか紹介させてもらおう。

まずは福岡で整体師を営むKさんの話。

彼は福岡出身ではあるが、高校ではサッカー特待生として鹿児島のK学園に入り、寮生活を送っていた。

寮生が多いためか、K学園はなかなか怪談の盛んな学校だ。もともと墓地だった場所に立っているとか、匍匐前進する兵隊の霊を見た、食堂に首吊り自殺した霊が出る、などなど……。内容自体はよくある他愛ないものばかりだが。

ただ、この学校独自と呼べるような個性的な怪談もある。講堂の扉の奥にまた隠された扉があり、その中に女性のホルマリン漬けが置かれている。しかも奥の隠し扉を覗くだけでも呪われる、というのだ。

入学からしばらくして、「ホルマリン漬け」の噂はKさんの耳にも届いてきた。そんなの嘘っぱちだろう……。そう思いつつも、高校生ならではの好奇心とノリから、Kさんは一人、講堂の奥を探検しに行ったのだ。

なんと、扉は実在した。噂されている扉の奥に、確かにもう一つの扉が隠されていたのだ。おそるおそる取っ手を握ってみたが、鍵がかかっているようでビクともしない。Kさんの恐怖も限界に達していたので、後はすぐに逃げ帰っていった。

すると次の日から、自分の携帯電話に不可解なメールが来るようになった。

〝なにしてるの〟〝今ここにいるの〟〝はやく見つけてよ〟

一回につき、そんな短文が一行だけ。アドレスは意味不明の文字の羅列で、返信してもなぜか自分のケータイに送られてきてしまう。

当然、友人たちに事情を話し、誰がこんなイタズラをしているのかと犯人探しを行った。しかし誰にも心当たりがなく、嘘をついているようにも見えない。第一、高校生がここまで凝ったイタズラをできるだろうか。

その間にも謎のメールはどんどん届いてくる。さすがに怖ろしくなって電源を切ってみたのだが、気がつくとなぜか再起動し、メールを着信してしまっている。最初の数日はほとんどが、〝なにしてるの〟という言葉ばかりだったそうだ。

しかし数日後。寮の自室で一人で本を読んでいると、耳慣れた着信音が響いた。ケータイを確認すれば、やはり例のメールが来ている。

〝それ、面白い?〟

……見られているのか？　それまでは友人のイタズラかと半信半疑だったKさんも、さすがに怖くなってきた。一人でいたくないので、なるべく先輩の部屋に入り浸るようにした。それでもメールはやってくる。

〝さっきからゲームばっかり〟〝そのお菓子たべたい〟〝頭かゆいの?〟〝はやく見つけてよ〟

しかも、その時にしていた行動をピンポイントで言い当ててくるのだ。もちろん一緒にいる先輩がケータイを手にしていないことは確認済みだ。

まるで鬼ごっこの鬼が、次第に近づいてくるようだった。

「そんな状態が十日も続いて……あの時は本当に怖かったんですよ」

そうKさんは語った。

となると気になるのは、十日目に送られた最後のメールはなんだったのか、ということだ。それをKさんに問いただすと、こんな答えが返ってきた。

「ああ、僕、見つけられたんですよ」

〝見つけた〟

その言葉を最後に、メールはぱったり届かなくなったそうだ。

# 封鎖されたトイレ

続いては、兵庫県西宮市にあるH中学校でのこと。現在、大学生であるN子さんの思い出である。

十年近く前、H中学校の一階には封鎖された女子トイレがあった。もしかしたら今でも封鎖されたままかもしれない。隣の男子トイレは普通に使えるのに、なぜかそこは入り口が板で塞がれており、開かずの間のように扱われている。

「中がどうなってるのか確かめてみいひん？」

やんちゃな性格のN子さんは、後輩と連れ立って探検に出かけた。校舎の外をぐるりと回り、開かずの女子トイレの裏側を目指す。

「あの窓から覗けるやろ」

N子さんは友達に肩車してもらい、壁の上に設置された窓から内部を覗き込んだ。

照明もない薄暗い空間だが、窓からの明かりによってそれなりによく見える。三つの個室が並んでいるだけで、べつだん変わった様子はない。

強いて言えば、こちらから見て一番奥、最も入り口に近い個室のドアだけ閉まっているのが不自然ではあった。この学校で使っているトイレのドアは、施錠しなければ開きっ放しになるはずだ。

「あんたも見てみる?」

N子さんは後輩と上下を交代した。

「な、なんかドアが一つだけ閉まってるやろ?」

「あーはい、そうですね。なんでやろ? 真ん中だけ閉まってますね」

後輩がおかしなことを言う。

「いやいやよく見てよ。一番奥やって」

「え~、三つあるうちの真ん中ですよ。怖がらせんといてください」

そっちこそ怖がらせようとしてるやろ、と思ったN子さんは後輩を降ろし、再び自分を肩車させた。

そして中を覗くと、一番手前の扉だけが閉められていた。

「ちょ、ちょっと降ろして!」

慌てて地面に飛び降りる。後輩に再確認するが、確かにさっきは真ん中だけが閉まっていたという。なぜいちいち閉まる扉が変わっているのか？

「……次、覗いたら、どうなってるんやろ」

どちらからともなくそんな意見が出た。そこはやはり後輩の役目と、N子さんが下になって内部を確認させる。

「うわ……確かに、手前だけ閉まってますね」

先ほど自分が見た光景と同じようである。不思議は不思議だが、これで奇妙な現象は終了したのだろうか。そう思ったとたん。

「ぎゃあ！」

後輩が悲鳴をあげて肩から転げ落ちた。巻き込まれる形でN子さんも地面に倒れる。這うようにして逃げ出す後輩を追いかけ、そのまま校舎入り口まで走っていった。

「だ、だれか！　だれかが！」

後輩が震える声で必死に説明する。開いている扉を確認しているうち、ふと気になって目線を下に落とした。

するとと窓の真下に、うずくまって座る女がいたというのだ。顔は見えないが、明らかに大人の女だったという。

二人はまた悲鳴をあげつつ、職員室へと駆け込んだ。そして担任教師に事のあらましをまくしたてたところ、

「まあ……そういうことらしいで」

意外なまでに冷静な答えが返ってきた。

戦後、H小学校の脇に新校舎がたてられる形でH中学校が創立された。しかしあの女子トイレでだけ「変なものを見た」との訴えが止まなかったため、しばらく経ってから封鎖されたのだという。

昭和二十年八月五日の空襲の際、校舎がたつ前のあの場所に遺体を安置していたと言われているが、それが関係しているかどうかは分からない。

# １２３のピエロ

ある日ふと、高校時代の記憶がよみがえったのだという。

大手レコード会社に勤める健二さんは、山口県の公立高校に通っていた。なんの脈絡もなく脳裏に思い浮かんだのは、体育の授業で使う用具を、健二さんが一人で体育館まで取りに行かされた時のこと。無人の館内を横切り、体育倉庫にたどりついたところで鉄扉を開ける。すると倉庫内に、色とりどりの服を着た男が立っていた。

ピエロだった。

メイクも衣装も、まったく一般的なイメージ通りのピエロである。

しかし頭の位置がおかしい。首がだらりと横に長く伸び、こちらを向いた頭部は斜め下に垂れさがっている。明らかに首の骨が折れている。

ひっくり返った頭のまま、ピエロはこちらにニヤリと笑った。

そんな景色が、頭の中で強烈にひらめいたのだ。確かに自分は十数年前にそんな体験をしている。そう思えてならない。

しかしもしそうだとしたら、なぜ今まで忘れていたのか？　おそらく慌てて逃げたのだろうが、なぜその場で皆に言いふらさなかったのか？　そんなものを見たなら、黙って自分の胸だけに留めておくはずがない。

まあ、脳のイタズラとも考えられる。最近、仕事の疲れがたまっているから、何かの生理作用でニセの記憶が作られてしまうこともあるのだろう。

そう考えた健二さんは、ピエロの記憶についてあまり拘らないようにした。

少しして、健二さんは友人の結婚式に出席するため、山口県に帰省することとなる。式の席次により、高校の同級生たちと同じテーブルについた。あれこれと近況を語り合いつつ、結婚式が進んでいく。

宴も半ばを過ぎた頃、友人の一人がこんなことを聞いてきた。

「ところで……うちの学校でピエロ見たことないか？」

健二さんは思わず身を乗り出した。

「俺、この前〇〇と飲んでたんだよ」

〇〇もまた高校の同窓生だ。友人が一緒に居酒屋で飲んでいた時、その彼がいきなり

「なあ、俺たち、高校の体育館でピエロ見たことあったよな?」と尋ねてきたのだ。その瞬間、友人の脳裏にも、体育館にピエロがいる景色がフラッシュバックしたという。

「ああ見た見た!」「だろ、そうだよな!」「でもなんで体育館にピエロいたんだ?」「分かんないけど、確か首が変な風に曲がってたような……」「そうだった!」

そんな会話を繰り広げたが、彼らもやはり、なぜ記憶が封印されていたのか分からなかったそうだ。

「いや、実は俺も……」

健二さんもほとんど同じタイミングで、ピエロの記憶がよみがえったことを告白する。そこから健二さんと友人は新郎新婦の方も見ず、スマホにて「学校　ピエロ」などのワードをグーグル検索し、情報を探してみた。

すると、また別の学校の掲示板に「123《ワンツースリー》のピエロ」という怪談が書き込まれているのを発見した。学校の催しにてサーカスの一団がやってきた。そのイベント中、ピエロが「ワン、ツー、スリー」のかけ声でバク転したのだが着地に失敗。首の骨を折って死んだ、というエピソードだった。

なんとなく自分たちの見たものとリンクしている。さすがにこれ以上は結婚式をおろそかにできないので、後々この情報を深堀りしてみようと話し合った。

翌々日、出社した健二さんは同僚にこの話をしてみた。「知ってる？　123《ワンツースリー》のピエロっていう怪談があるらしくてさ……」とスマホ片手に説明しようとするが、なぜかネット検索にあの学校掲示板がひっかかってこない。一昨日と同じワードを入力しているのだからすぐに見つかるはずだ。代わりに〝123のピエロ〟〝ワンツースリーのピエロ〟と、確かに読んだはずのフレーズを確定して検索しても「一致する情報は見つかりませんでした」との冷徹な文字が出るだけ。仕方なくスマホ内の履歴を探ってみるが、これも当該のものだけ消えている。スマホの方は自分がうっかり消したのかもしれないが……。

たった二日で掲示板ごと消えるなんてことがあるのか？

いや、ありうるかもしれない。なにしろあのピエロは自分たちの高校時代の記憶も消してしまっていた。インターネットのサイトが消されたり、あるいは逆に、そういった学校の掲示板を見たという記憶が植えつけられた可能性もある。

健二さんが怖いのは、首の折れたピエロ自体ではない。あのピエロにまつわる記憶が、自分の知らないところで勝手に操作されているようで、そこに不気味さを覚えているのだ。

私が健二さんからこの話を聞いたのは二〇一四年のこと。

興味をもって調べてみたところ、確かに「123《ワンツースリー》のピエロ」というフレーズそのものではネット検索に出てこない。ただ、似たようなピエロにまつわる「学校の怪談」はいくつか確認できた。

その中で最も似た例としては、「１《いち》、２《に》の３《さん》」の掛け声でトランポリンから飛び上がったピエロが、着地に失敗して首の骨を折るといった話が、あるブログにて紹介されていた。とはいえ正確には１２３《ワンツースリー》のピエロと異なっているし、学校掲示板でなくブログなので、健二さんの見たサイトではありえない。

ただ調査を重ねてみると、「学校の怪談」においてピエロが事故死（もしくは自殺）するというモチーフは、トイレの花子さんのようにメジャーではないにせよ、それなりに散見されるものだと判明した。

その多くは体育館を舞台にしており、「首吊り自殺した縄がある」「上半身と下半身がバラバラに埋められている」といった陰惨な暴力性がつきまとう。

群馬県高崎市立南小学校のピエロ怪談もなかなか血なまぐさい。創立百周年記念写真集『南風』に七不思議の一つとして紹介されているので、その文章を引用しておく。

〝昔、南小学校の校庭でサーカスがひらかれた。その時のピエロが演技を失敗してしまい指を三本切り落としてしまった。サーカスの団員が、一生懸命その指を探したが、結局見つけることはできなかった。

しかし何年かすると三本の銀杏の木がはえはじめた。そうです、そこはピエロが、三本の指をなくした所だったそうです。その三本の銀杏の木はみんなも知っているように、今も校庭に現存しています。〃

また埼玉県上尾市の芝川小学校には「戦後すぐ、学校にサーカス団がやってきて、綱渡りに失敗したピエロが転落死した。その時のシミが今でもある」といった、「123《ワンツースリー》のピエロ」に似た話がある。

どうもピエロの学校怪談は東日本、それも北関東方面で多くささやかれているようだ。それはおそらく、「ピエロのクリちゃん」として親しまれた栗原徹氏の事故死が関係しているだろう。栗原氏は日本にピエロ文化を根付かせた、いわばピエロの第一人者。しかし一九七七年十一月二十三日、茨城県水戸市での公演中、命綱・ネット無しの綱渡りを行った際に転落死しているのだ。この悲劇の影響が、近郊エリアである北関東一帯の学校に伝播し、ピエロが事故死する怪談を生んでいったのではないだろうか。

整理しよう。

ピエロがモチーフとなった「学校の怪談」は多くあるため、健二さんの高校でピエロにまつわる怪談がささやかれていても不思議ではない。「123《ワンツースリー》のピエロ」とピンポイントで合致するものは見当たらないが類話は発見できたので、北関東から山口県まで伝播するうちに変容していったと考えれば、これも不思議ではない。あとは健二さんと同級生の二人が同時に記憶違いを起こしたとこじつければ、「不思議」は一つもなくなるだろうか。

いや、そうではない。この話の「不思議」は、いるはずのないピエロの化け物を見た、という点にあるのではない。

「123《ワンツースリー》のピエロについての記憶や情報が、なぜか次々と消されていく」

という点にあるのだ。

実は私も、健二さんと同じような体験をしている。

二〇一四年に発見した「1，2の3の掛け声でトランポリンを飛んだピエロ」の記事は、私が確認した数ヶ月後、ブログごと削除されてしまった。

二〇一五年には、また少し違った「123のピエロ」系怪談を載せているブログも発見している。しかしその直後、ブログ終了を思わせる記事がアップされ、以降の更新がストップしてしまう。その際、なぜかピエロ怪談についての記事だけが削除されてしまった。

そして私は、この二つのブログのピエロ怪談について何が書いてあったのか、どうしても思い出せないのだ。また私の知り合い数人も削除前の記事を読んでいる。しかしその誰もが、「123《ワンツースリー》のピエロ」に似た話とだけは覚えていても、具体的な内容を失念してしまっているそうだ。

この他にも幾つか、不自然にそこだけリンク切れとなっている「123《ワンツースリー》のピエロ」系怪談が書かれたページをサルベージしたり、自身のホームページで似た怪談を紹介していたが、サイト移転に伴い削除したという本人に出会ったこともある（ある有名な怪談作家だ）。

これらもやはり、「123《ワンツースリー》のピエロにまつわる話がインターネットから消えている」現象を示す事例となるだろう。


現在、「123《ワンツースリー》のピエロ」とネット検索しても、私が情報提供を呼びかけるSNSと、それにフォロワー数名が返答したものしかヒットしない。

これすらもいつか削除されてしまうのではないか……。私はかなり真剣に、そんな怖れを抱いている。

だからこそ念のため、本書でもこの話を書き残しておいたのである。

# ダンディー先生

哲さんは中学二年生の時、新聞部に所属していた。毎月、学校の壁に貼り出される新聞を作成する活動を行っていたという。

そして夏休み前の七月、校内でささやかれる「七不思議」を取材しようとの企画が通った。

取材といっても、生徒たちから話を聞き集めるだけの簡単なもの。理科室の人体模型がどうのとか、二階のトイレには花子さんが出るとか、他愛ない噂しか集まってこない。

これだけじゃあ面白くない……。記者魂に火がついた哲さんは、突撃取材を敢行することにした。

学校七不思議の一つに、音楽室横の「開かずの間」なるものがあった。一階の図工室、二階の理科室など、別フロアで上下が同じ部屋と比べ、音楽室だけが狭くなっている。室内の途中から、壁で区切られているのだ。その向こう（三階のいちばん端）に一部屋分のスペースが作られているのだが、廊下側の扉はいつも施錠されており、誰かが入ったという話は聞いたこともない。

噂によれば、開かずの間は地獄に通じているとか、昔の校長先生が殺した生徒の蝋人形が飾られているとか……。その真相を調査してやろうと思い立ったのだ。

哲さんには作戦があった。建物の外から確認すると、校舎三階端に窓がついているのが見える。位置関係からして、それが開かずの間の窓であるのは間違いない。つまり音楽室の窓から壁面に出て、縁を移動し、外側から中を覗くのは可能なはずだ。かなり危険な行為だが、それが逆にスパイものアクションのようでかっこよく思えてしまったそうだ。

放課後、校内の人気がなくなったのを見計らって、哲さんは音楽室に忍び込んだ。端の窓から外に出る。校舎外壁の縁はそれなりに幅があるので、注意すれば足を踏み外すことはなさそうだ。べったりと壁に両手のひらをつけ、横向きのすり足で忍者のように動いていく。すぐに開かずの間の窓にたどり着き、ガラスに手をかける。

すうっ、と手のひらが窓ガラスごとスライドした。

あれ？　鍵、かかってないのか？

それならそれで好都合だ。窓を開けられるだけ開き、その隙間から開かずの間の空間へと上半身を預けた。しっかり体勢を確保したところで視線を上げる。

そこは、がらんとした無機質な空間だった。スペースが狭く、机と椅子が端に片付けられている他は、自分たちの教室と変わりない。ただ一点、天井からぶら下がっている異様なものを除いては。

女の子が、首を吊っていた。

垂れ下がった縄に首を通した背中が、ぶらあ、ぶらあ、揺れている。

唖然とする哲さんの目の前で、その体がぎいいっと回転し、こちらを向きはじめた。

「うわあっ」と小さく叫んだ哲さんの両手が、窓枠から離れる。

あ、俺死んだ。

宙を浮く感覚の中、そんな言葉が頭をよぎった。

しかし彼は死ななかった。その直下は地面ではなく、校舎二階の建物がバルコニーのようにせり出したスペースだった。そして運良く、その上方に大きな網が張ってあったのだ。それが救命ネットの役割を果たし、床への激突を防いでくれた。

とっさに体を確認したが、まったくの無傷である。

「お前、なにやってんだ！」

廊下から大声を響かせ、男性教諭が駆け寄ってきた。彼の両腕で下から支えられ、ネットから降ろされた哲さんは、自分を助けた教師が「ダンディー先生」であることに気づく。

その体育教師は、渋いフェイスと筋骨隆々の肉体、そして明朗な性格から、ダンディー先生との愛称がつけられていた。

すいません……と謝りつつ、おずおずと今しがた見たものを打ち明けてみる。

「ああ、そうか。お前も見たのか」

ダンディー先生の彫りの深い顔が歪んだ。

「いや、俺も詳しくは知らん。だが昔、似たものを見たという男子生徒がいたらしくてな……」

その生徒もやはり、開かずの間の窓から外に落ちてしまったというのだ。ただし哲さんと違って、彼の肉体はそのままバルコニーの床に激突してしまった。病院に運ばれ処置されたものの、内臓が破裂していたため数日後に亡くなったのだという。

あの部屋で首を吊った女の子を見た、という言葉を遺して。

それからすぐ、二階のバルコニー上方に、ネットがとりつけられたそうだ。

「赴任前のことだから、俺も噂でしか知らないんだ」

しかし、他の生徒を怯えさせる訳にはいかない。自分が今語った話も、お前が見たものも、絶対に誰にもしゃべるなよ。そうすれば俺も、お前のヤンチャを大目に見てやって他の先生には報告しない。

そうダンディー先生に諭された哲さんは、強く頷《うなず》いた。

「よし、男と男の約束だからな」

事実、哲さんは中学校にいる間、その体験を誰にも話さなかった。地元の高校に通っている時も、ダンディー先生との約束を固く守っている。

とはいえ東京の大学に入った後は、飲み会の席で何度か、思い出話として披露したりもした。まあ地元民に噂が漏れる心配もないし、さすがに時効だから許されるだろう、と考えたのだ。

そして教職課程に進んだ哲さんは、都立有名校の教師に赴任。地元の出世頭とまではいかずとも、なかなか自慢できる人生コースを歩むことになった。

就職直前の春休み、彼は大学生として最後の帰省をした。地元の友達と旧交を温めていたある日、実家に一本の電話がかかってくる。

「あんたの中学の〇〇って先生が電話かけてきたんだけど……」

母親にそう言われて一瞬混乱したが、

「ああ、ダンディー先生！」

すぐに思い出して受話器をとると、想像よりも老けこんだ先生のかすれ声が響いた。

「お前、今、こっちに帰ってきてるんだろ」

そうなんですよ、先生。いや、お久しぶりです。実は僕、教師になることになりまして。

それもこれも先生に憧れてた部分もあったのかも。先生は本当に皆から好かれてて、僕も先生みたいな教師に……。

「お前、あの話、しただろ」

哲さんの言葉などいっさい聞かず、相手は冷たくそう言い放った。

「はい？」

「あの、三階の部屋の話。お前、約束したのに、あちこちで話しただろ」

これから、お前のところ、行くからな。

そう告げてダンディー先生は電話を切った。

哲さんはただただ呆然とするしかなかった。その夜には何も異変が起こらなかったが、翌日、予定を切り上げて早々に帰京した。

そして地元の同窓生に連絡をとり、卒業後のダンディー先生についての情報を聞き込んでみた。

どうも先生は、彼らの卒業から数年後、「暴力事件かなにか」で中学校を「懲戒免職」「自主退職」もしくは「転任」させられたらしい。

少なくとも、あの学校を去ったのは間違いないようだ。それからの行方は、誰一人として知るものはいなかった。

がりがりに痩せたダンディー先生が、独り言を呟きつつ、地元の商店街を歩いていた、との目撃情報もあるそうだが、それは定かではない。

# ツミくんの話

これは正確には「実話怪談」と呼べないかもしれない。

体験者もしくは二次情報者から直接聞き及んでいる訳ではなく、ある大学のあるサークルにて「本当にあったこと」として伝わっている話だからだ。言ってみれば「学校の怪談」と「実話怪談」の中間あたりに位置するだろうか。

とはいえ都市伝説の類でないことは確かなので、「自分もその話を知っている」という読者が出ることを期待して、それなりに情報を特定しておく。

四谷にあるミッション系大学の、有名なボランティアサークル……とまで書けば関係者にはまる分かりだろう。

とはいえもう十年以上も前らしいので、現役の学生たちにとっては無関係である。OBのY先輩が、今のサークルメンバーたちに伝えた話とのことだった。

そのサークルでは一年に一度、学生による演劇イベントを催す。ボランティアで関わる子どもたちに観覧させ、楽しんでもらおうという趣旨の伝統行事なのだ。

その年も、キャンパス内の講堂にて行われた芝居はつつがなく終わった。ロビーに出てきた学生たちは、来てくれたOB連に挨拶を交わしている。卒業したばかりのY先輩も、その輪に加わっていた。

「Yくん、ちょっと」

同期のB子が声をかけてきた。

「あそこにいるの、ツミくんだよね？」

そのサークルには、ツミタという男子学生がいた。いつも低姿勢、感じの良い男の子で、皆から「ツミくん」と呼ばれ親しまれていたそうだ。

ただ、彼は途中から弁護士になる夢を強く持つようになり、司法試験の勉強に向けてサークルを辞めていった。噂によれば、まずは東京大学のロースクールに入る準備をしているとのことだった。

一年ぶりに会うツミくんは、皆の喧騒から離れるように、ひっそりとロビーの隅に佇んでいる。

「ツミくん、久しぶり！」

Y先輩とB子が声をかけると、ツミくんも嬉しそうに振り向いた。

ゆっくり話をしたかったので、講堂を出ようとY先輩が提案する。そのまま三人はキャンパスの隅にあるカフェテラスへと向かった。夜なので売店は営業していないが、半野外に並べられたテーブルと椅子は自由に利用できる。

自動販売機からコーヒーを買ってきて、ここ一年間のサークル仲間の動向などを報告していく。ツミくんもニコニコと笑いながらこちらの話を聞いている。

「ところでツミくんは、今どんな感じなの?」

「ああ、僕は今、東大のロースクールで勉強してるんだけど……」

ツミくんの近況が語られるところから、Y先輩の中に違和感が広がっていった。

「いや、やっぱり東大の人たちって本当に頭が良くて、そこらへんの奴とはモノが違うっていうか……」

あれほど人当たりの良かったツミくんの話しぶりが、どこかおかしい。

「高みを目指すなら、最高峰の人たちと付き合わないと意味ないじゃない。その点、この大学の人たちはダメ。さっさとここから離れて正解だったなあって、今は思うんだよね」

棘のある言葉ばかり投げてくるツミくんに、Y先輩は笑いながら柔らかく対応していた。しかしB子の方を見れば、ツミくんの言動に苛立っているのか、明らかにこわばった顔でじっと黙りこくっている。そんな凍りついた空気を察知せず、ツミくんは次々と自慢話を展開していった。ついに、かつての仲間たちへの悪口にエスカレートしていったところで

「ツミくん、ごめん……うちら、もう打ち上げ行かないといけないんだ」

さすがにY先輩が話をさえぎった。明らかに不自然なシャットアウトであり、声色にも怒気がこもっていたのだろう。向こうも少し驚いた顔をした後、無言で頷いた。

彼らはカフェを出て、誰もいない暗いキャンパスをとぼとぼと歩いていった。気まずい空気のまま、三人とも一言も発さず、照明が点々と灯る構内の裏道を抜けていく。

ようやく四谷駅前の交差点に出ると、周囲が突然ぱっと明るくなったような気がした。新宿通りを行き交う人や車の雑踏に包まれ、向こうからは電車の走る音が聞こえてくる。

「どうする？　ツミくんも打ち上げに来る？」

いちおうY先輩が誘ってみたが、案の定、ツミくんは「ここで帰るよ」と言い残し、四谷駅の方へと去っていった。

それからまた一年ほど経った頃。Y先輩とB子は、これも同じサークルの同窓パーティーに出席していた。

「Yさん、B子さん、ちょっと……」

その途中、会場スタッフを勤めてくれている後輩がこちらに声をかけてきた。なんでも会場入り口に、彼らと同級生の母親が挨拶に来ているというのだ。

なんだろうと思いながら二人が出向くと、初老の女性が廊下に立っている。そしてこちらを確認すると、申し訳なさそうに頭を下げてきたのだった。

「どうも、シゲユキがお世話になっておりまして……」

それはツミくんの母親だった。一瞬、Y先輩の脳裏に嫌な思い出が巡ったが、当然それはおくびにも出さず、明るく対応していく。

「ああ、最近会ってなくて、ずっと連絡しようと思ってたんですが」

「ええ、本当に……あの子も、このパーティーに出たかったと思うんですよ。せめて私だけでも皆さんにご挨拶しようかと……」

「そんな、気にしないでください。勉強に忙しいでしょうし」

そこでツミくんの母親は深々と息を吐いた。

「ごめんなさい、もっと早く連絡しなければいけなかったんですけど……」

ツミくんは、一年前に亡くなっていた。

そもそも彼は、東大のロースクール受験に落ちていた。その後も必死に勉強を続けていたのだが、ある日ふと心の糸が切れてしまったのだろうか。自室で首を吊って死んでいるのを、母親が発見したとのことだった。

そんなことを伝えられ、どんな言葉を発すればいいのだろうか。Y先輩もB子も、ただただ頷くだけしかできなかった。

「皆さんに何の連絡もしないのは失礼かと思ったんですが、私たちも心の整理がつかなくて……。でもそろそろ、親しかった人たちにはお報せしなければと思いましてね」

失礼いたします、と去ろうとする母親をY先輩はひきとめた。これを言うべきかどうか迷ったが、何も伝えないのは不誠実だろうと判断したのだ。

「いや、こちらこそ何も知らず、すいませんでした。……でも、なんというか、せめてもの救いかなと思うことがあって……僕たち、ツミくんが亡くなる直前に、会って話ができたんですよ」

一年前の、あの大学内での邂逅について、母親に報せていった。

「ああ、そうですか、そんなことが……。わたくしまったく存じ上げませんで。ちなみに、いつ頃お会いしたのですか？」

どうも亡くなる直前のツミくんは引きこもり状態だったそうで、母親は実家から出たことすら認識していないようだった。とはいえ、こちらは演劇イベントの当日だとしっかり覚えている。Y先輩は、正確な日付を母親に教えてあげた。

するとと相手は眉をひそめて、

「いえいえ、失礼ですが、それは間違えていますよ」

なぜなら、それこそ自分の息子が自殺した当日だから、と言うのだ。

「え？　あ、でも……本当ですよ」

確かに自分たちがその日にツミくんと会ったのは間違いない。思わず不意をつかれ、Y先輩は夢中になって反論してしまった。

「だって演劇やったのが○月×日なのは絶対確かだし……なあ、Bちゃんも覚えてるよな？」

隣でずっと黙っているB子に同意を求める。しかし彼女はそれを無視して、こちらの袖を引っ張りつつ、

「いいよ。いいよ、もう行こう。すいませんお母さん、失礼いたします」

そのまま無理やり、離れた場所へと連れて行かれてしまった。

「なんだよ、おいBちゃん、どうしたの」

B子の剣幕に圧倒されつつも、人気のないスペースまでついていったY先輩が問いただす。

「……Yくん、ごめん、私ずっと黙ってたんだけど……あの時、見ちゃってたんだよね」

一年前のあの時は、自分が見たものがなんなのかは分からなかった。あまりにも不気味だったから、誰にも話さないでいた。でも今、それがなんだったのか分かってしまった。しどろもどろながらも、B子はこんな告白をした。

私たちが、構内の薄暗いカフェテラスでツミくんと話してた時。Yくんは気づいてないようだったけど、私ははっきり見ていたの。

後ろにあった照明が、私たちの影を向こう側につくっていただんけど……。その中でツミくんの影だけ、首から上が無かったんだよ。

「お前そんなの……見間違えだろ」

「ううん、絶対に違う」

私もそう思って何度も確認していた。でもやっぱりツミくんの影だけ頭が無かったの。それに、あの後、私たちキャンパスを歩いていったよね。

「外灯が歩いていく私たちの影を照らしていて……。いちばん後ろを歩いてた私は見てたんだよ」

自分の前を歩くツミくんの影に、やっぱり首が無かったのを。そしてまた、ツミくん本人はただ歩いているだけなのに、その影だけが両手をぐうっと前に伸ばしていたのを。

「私たちが歩いている間、ツミくんの影はずっとずっと、Yくんの影の首を絞めてたんだよ」

# 桜と髪

コノエさんの町には様々なタブーがあるそうだ。

そのうちの一つとして、まずこんなエピソードを聞かせてもらった。

深夜、不良の若者たちが海に向かって車を走らせていた。運転手以外の同乗者は、窓に腰かけて上半身を丸ごと車外に出していた。いわゆる箱乗りだ。そのうち後部座席の二人は座席に戻ったのだが、助手席の者はいつまでたっても箱乗りを続けている。

「おい、もう止めろ」運転手が注意しても、まるで無視するだけ。イラついた運転手が「おい」と彼の体をゆすると、〝ドスン〟。助手席に戻った体には、頭が無くなっていた。外に出ている看板にぶつかり、そのまま頭部をもぎとられたのだ。

……とまあこれは、日本各地、いや世界各地によくある都市伝説だ。私も心中では「とても実話怪談にはカウントできないな」と思っていた。

しかしコノエさんの口ぶりは淡々としつつもやけに断定的で、その町では当たり前の事実として捉えられているようだった。

「それ以来、看板は撤去されました。今、そこにはお地蔵様がたっています」

そのこと自体は確かにそうなのだろう。だからといって前述のエピソードが事実とは限らないが。

「だから今、私の町では車に乗った時、誰も窓から首や手を出しません」

そこまで断言するのなら、当該の町がどこなのか気になるところだ。彼女に出身地を尋ねてみたものの、個人情報の流出を嫌うタイプらしく、都道府県はおろか地方区分すら教えてくれない。まだまだその町にまつわる怪談が残っているようなので、私としてはいつかなんとか特定してみようとも考えている。

その町でコノエさんは、巫女の仕事をしていた時もあったそうだ。

神社の近くには小川が流れ、土手沿いに大きな桜の木が植えられていた。

ある年の初春、そろそろつぼみが付きはじめ、地元の人々も花見を楽しみにしていた頃である。

神社の隣に住む人形職人が、周囲の確認もとらず、桜を切り倒してしまった。川の土手は公共の場所のため違法行為ではないというのが、職人の弁明だった。私も法律上のことはよく分からないが、そんな説明で地元民たちが納得しなかっただろうことは想像がつく。またこの他にも、彼が不評をかう要素があった。

「それに、大将軍の障りがあるのに、ご祈祷もしませんでした。私の地方では増改築や木を切るときは大将軍除けをします」

「大将軍」とは、古代中国由来の九星術、陰陽道における方位神の一つ。方位ごとに八将軍がおり、それらは牛頭天王の息子・八王子とも同一視され（日本の陰陽道ではしばしば牛頭天王が重要になる）……などと細かい説明はともかく、荒ぶる怖い神様たちだと思ってもらえばよい。時期によって彼らの方位が決まり、そのタイミングで様々な、してはならない禁忌（旅行、冠婚葬祭、商取引や家の増改築など）が定められている。昨今では廃れた民間信仰だが、方位神の中で最もメジャーかつ怖い神様とされる「大将軍」の時期だけは、いまだ注意する風習が各地（京都北部や山形など）に残っているようだ。

大将軍をやりすごすまでの時期は三年間と長い。職人もさすがにそれを待つ根気がなかったか、あるいは方忌みの類を迷信だと嫌っていたのか。

ともかく、桜を切り倒した職人は、その木材で人形を作成したそうだ。

それから少し経ったある日のこと。自分の畑から一本の大根を引き抜いた彼は〝ス〟が入っていないか確かめるため、その場で真ん中から切ってみた。当たり前だが、片手で葉を持ち、片手で包丁を持っているので、支えのない下半分はそのまま地面に落ちるはずだ。しかしそれは切り口から離れるとすぐ、ふわっと空中にぶら下がった。

二つに割れた大根の間が、数十本の髪の毛でつながっていたのだ。

慌てて他の箇所も切ると、実の内部にびっしり、細い髪の毛が詰まっているのが見えた。

職人は大根を遠くに放り投げた。念のため知人の農家に聞いてみたが、地中の作物に髪などの異物が入ることはありえないと、しごく当然の答えが返された。また、何かの手違いで毛が混じったとしても、なぜ最初に包丁を入れた時、大根だけが切れて中の髪の毛だけはしっかりくっついたままだったのか？

次の朝、職人が目を覚ましてリビングに向かうと、白いカーペットの上に髪の毛が散らばっていた。まるで誰かが歩いた跡のように、蛇行するような線を引いて、無数の髪の筋がカーペットを行きつ戻りつしていた。彼は職人なので髪を伸ばしていないし、長髪の人間が家に入った心当たりもない。

彼は半日かけてカーペットを丁寧に掃除し、髪を全て外のゴミ捨て場に廃棄した。

そしてシャワーを浴び、夜勤のため工場へと出かけていった。

更衣室で白衣に着替え、工場内に入ると、後輩の同僚が笑いかけてきた。

「あれ？　彼女できたんですか？」

何を言ってるのか尋ねると、後輩は今さっき着替えた白衣を指差した。

「だってほら、肩に。ながあい髪の毛ついてますよ」

その日、彼は機械に挟まれて大怪我をした。

うっかりした拍子で、切断系の機械に上半身が引っ張り込まれたらしい。幸い、安全装置のおかげでなんとか一命をとりとめた。

周囲の作業員によれば、事故の直前、彼の襟元から長い黒髪が飛び出してきて、それが機械に巻き込まれたように見えたのだという。

# 地鎮祭

前の話の続きとなるが、おそらく怪我をした職人は、コノエさんが巫女をしていた神社でお祓いか何かをしたのだろう。だからコノエさんも、怪異にまつわる細かいディテールを知っているのだと思われる。もっとも彼女は自分に関しての情報だけは頑なに隠し通すので、それは私の勝手な想像でしかないのだが。

とはいえ、その町とはずばり山形県のどこかではないかと思うのだが、どうだろう。先述通り、山形県民は今でも「大将軍」の方位を気にしがちだから、というのが根拠である。特に建築工事関係では、「大将軍」や「三隣亡（建築関係の忌み日）」を嫌う県民性が、他県よりはるかに高いようだ。

これから話す奇妙なエピソードも、それらの事情が絡んでいるような気がする。

某大手芸能事務所のマネージャー、S君の体験談だ。私が聞いたのは数年前の夏、彼が山形県天童市の実家に帰省した直後のタイミングだった。

生まれ育った家にて仕事を忘れ、二日ほどごろごろしていた頃、地元の先輩から電話がかかってきた。

「お前、今こっち帰ってきてるんだってな？　明日付き合ってくれよ」

その先輩はいわゆる不良のリーダー格のような存在。なんの用事かなどと尋ねる余地もなく、明朝の待ち合わせが確定した。とはいえ向こうも自慢したいのか、問わず語りに明日の予定をしゃべりはじめたのだ。

「俺、これから家建てるんだわ」

「え！　すごいですね先輩！」

詳細を聞けばなかなかの広さの豪邸だ。地価が安いせいもあるが、先輩の経営する土建会社の羽振りがよいことは風の噂で聞き及んでいた。

「で、明日が地鎮祭なんだけど」

「はいはい、おめでとうございます」

「その地鎮祭、お前も手伝ってくれよ」

……地鎮祭を手伝う？

「え、参列者に加われってことですか？」

「そういうのじゃないから。とにかく明日八時、汚れてもいい服で来るように」

先輩は有無を言わさず電話を切ってしまった。まったく意味が分からない。分からないが、先輩の命令なのだから従わざるをえない。

明朝、S君が指定された場所に赴くと、確かに建設予定の看板がかかった空き地が広がっていた。百坪ほどになるだろうか、かなりの広さである。

「おう、来たか！」

停車しているトラックの横から、先輩、S君と同じ後輩仲間にあたる友人、そして青い作業着のしょぼくれた老人が出てきた。

その他には、神主や業者など地鎮祭に必要と思われる人物が誰もいない。そういえば空き地を見渡しても、祭壇や供え物が設置されていない。

……地鎮祭をやるって、自分の勘違いかな？　そうS君が思ったとたん。

「よし、じゃあ地鎮祭はじめるぞ」

先輩は皆にそう告げ、やせ細った老人に「お願いします」と一礼する。

「あ……はい、じゃあ……はじめましょうか」

老人は蚊の鳴くようなか細い声を出し、四十五リットルのポリ袋を自分たち三人に大量に渡してきた。

「……これをですね……今から指定する場所にね……置いてください」

耳を近づけないと聞こえないほどの声量で、爺さんが指示を出す。S君たちは空き地に入り、「ここですか？」と尋ねながら、次々とポリ袋を置いていく。いったい自分たちが何をやっているのか理解できていないのは、友人も同じようだった。

そうこうするうち、作業は空き地の奥へと進んでいく。爺さんはトラックの横に立ったまま相変わらずボソボソとしか喋らないので、どんどん指示が聞き取れなくなっていく。

「え⁉　ここですか⁉」「……こっち」「ごめんなさい、どっち⁉」

仕方ないので友人が爺さんの横に立ち、S君と先輩に大声で「通訳」することにした。

「はい！　そこです！　え、違います？　ごめんなさい、もうちょっと右！　いやこっちから見て！　はい！　あ、違う、行き過ぎたそうです！　もう十センチ向こう！」

声は小さいくせに指定場所に細かいこだわりがあるようで、作業は難航を極めた。

一時間かけて、なんとかポリ袋五十枚のセッティングが終了。再びトラック横に集合した一同に向かって爺さんは
「……はい…ご苦労様です……では、今から……除霊をはじめたいと……思います」

また予想外の言葉を投げてきた。

ボソボソと語るその言葉を整理すると、どうもこの敷地には五十体もの「地縛霊」が巣

くっているという。だから今、その位置にピンポイントでポリ袋を置いていったのだ、と。

「え、でもどうやってそいつら除霊すればいいんですか」

爺さんはトラックにたてかけてあるスコップを指差した。

「……土を掘って……地縛霊ごと、袋に入れるんです」

また大変な作業が始まった。ポイントごとに土を掘り返してポリ袋に入れるのだが、「地縛霊」がうまく入るかどうかにもコツがあるらしく、「……あ、落ちました」「……もう一掘り」「……はい、成功です」ジジイの微妙な判定に任せるしかない。

「お前ら！　もっと真面目にやれ！」

ばかげた理屈に突き合わされている、との想いが顔に出ているのか、はしばしで先輩の怒声も響く。そして二時間ほど経つ頃には、先輩の敷地は五十もの穴ぼこだらけ、さんざんな有様になっていた。

まあ、ようやく終わったか……。S君がほっと一息ついたところで。

「ああああああっ！！」

耳をつんざく悲鳴がとどろいた。思わず振り向くと、それまでボソボソとしか喋らなかったジジイが「うわ！　うあああ！」と興奮しながら大声をあげ、向こうを指差している。

それは先輩の敷地と隣接する土地との境界。小さな私道のような、コンクリートが敷かれた細長いスペースだった。ジジイは一点そこをにらみながら叫んだ。

「さ、三百人！　三百人いる‼」

先輩がジジイの元に駆け寄る。

「三百人って、どうすればいいんですか！」

「いや、どうすればいいんでしょう！」

確かに、今までのは土を掘り返して除霊できたが、下がアスファルトではどうしようもない。

「よし！」

突然、先輩がトラックの荷台に入っていたかと思うと、重そうな工具を抱えて戻ってきた。見れば、コンクリートの掘削ドリルだ。

ガガガガガ！

そして誰の敷地かも分からない私道を破壊していった。

最後に、土が入った五十枚のポリ袋と、大量のコンクリートのガラをトラックの荷台に乗せると

「……じゃあ、私、ちゃんとやっておきますから……」

ジジイはトラックを運転して、どこかへと去っていったという。

「なんとかなったな、地鎮祭」

その夜、先輩はS君たちに焼肉をおごってくれたそうだ。

# 大男と男の子

実話怪談とは、誰かの体験報告なのであって、我々はただ事実だけを紹介すればよく、その内容についてあれこれ解釈すべきではないのだろう。

ただ私は時折、体験者の語る怪異について、本人も理解していないだろう答えを当てはめてみたくなることがある。ここで言っているのは、心霊・宗教的側面からの解釈だとか、面白い怪談にするための演出の手続き、という意味ではない。

無理やり例えるなら、よくラジオや新聞の人生相談において、識者が相談者に対し「それはつまり、あなたが心の底でこんなことを無意識に思ってるからではないか？」との見解を述べ、相手が「確かにそうかもしれない」と頷く、あのやり取りに近いだろうか……。

誤解してほしくないが、私はなにも心理学的アプローチで怪談を解釈しようとしているのではない。ましてや「彼らの出くわした霊や怪異とは、つまり彼らの抑圧した無意識が生み出した妄想でうんぬん」などという噴飯《ふんぱん》ものの理屈をこねたい訳でもない。ただ「その人の体験した怪異が、その人自身も想像していない何かとリンクしているのでは？」と直感的に思う時が何度かある、というだけだ。

一例を挙げよう。

前著『怪の足跡』収録の「バーベキュー」は、光男さんという愛知県の人の体験談だった。その話にも登場したマサ先輩なる人物が、小学校の頃に体験した出来事だ。

夕暮れ時、マサさんは弟と一緒に学校からの帰路についていた。

とはいえ、無人の家に帰ったところで何もすることはなく、ただ暇なだけ。そこで彼らは、病院の屋上でかくれんぼをして遊ぼうと話し合った。母親の勤務している病院なので、兄弟たちは日常的に出入りしている場所だったのだ。

屋上には、いつもどおり誰の姿も見当たらない。夕焼けに照らされた二人がじゃんけんをすると、弟が鬼となった。

マサさんが隠れる場所を探し走り回ったところ、屋上の片隅にプレハブ小屋がたっているのを見つけた。掃除か洗濯の用具を入れる空間のようだ。

よし、ここだ！　勢いよく扉を開いたその手が、ふいに固まった。

小屋の中に、小さな男の子が体育座りをしていたのだ。こちらからの光に照らされたその子の全身は、異様なまでに青白かった。

これは人間じゃない。

とっさに扉をしめたマサさんは、幼い頭で必死に考えた。自分が相手を見えていることを、悟られてはいけない。ここは気付かないフリをしているべきだ。

彼はわざと適当な物陰に隠れ、すぐ弟に見つけてもらうようにした。そして「もう、かくれんぼは止めよう」と告げ、二人で影ふみなどをして遊んでいた。

しかし気がつくと、青白い男の子は小屋から出てきてしまっていた。

そして弟と遊ぶマサさんの背後に近寄って「遊ぼう、遊ぼう」と呟いてくる。それを無視して、わざと弟にだけ快活に話しかける。男の子はしつこく「見えてるんでしょ、遊ぼう、遊ぼう」と繰り返す。

どうやら弟には少年の姿がまったく見えていないようで、いつもと違う兄の様子に不審がっていた。いくら無視しても男の子はあきらめず「遊ぼう遊ぼう」と絡みつづけてくる。

そのうちに日が傾き、空も暗くなってきた。マサさんは「帰るぞ」と弟に声をかけ、階段スペースへと向かった。歩きながら振り向けば、こちらについてくる弟と、その場で立ちすくむ男の子が見える。どうやら屋上から出ることはできないようだ。寂しそうな視線を感じながら、マサさんは階段へと続く扉を開けた。

すると目の前に、大男が立っていた。

背丈は二メートルをゆうに超えている。しかもその全身は「?」の鏡文字のように大きく鉤状にねじ曲がっており、異様につり上がった巨大な右肩が天井をこすっていた。

驚きのあまりこわばったマサさんは、悲鳴すら上げられない。横にいる弟もこれは見えているらしく、目を見開き放心している。

逃げないと。弟を守らないと。

とっさに目をこらすと、湾曲した大男の右下の隙間から、下へと続く階段が見えた。考えるより先に、マサさんは弟の背中を蹴り飛ばした。そのまま男と床の隙間へと押し込み、「逃げろ!」と叫ぶと、弟は悲鳴をあげながら階段を駆け下りていった。

もう同じことは通用しないだろう。マサさんは踵を返し、どこかへ隠れようと走った。日が沈んだ後の暗い屋上からは、もう青白い男の子の姿は消えている。必死で周囲を見回してみたが、やはり隠れ場所は、例の用具入れの小屋しかないようだ。

頼むから誰もいないでくれ! そう念じながら扉を開けると、幸い男の子の姿は見当たらない。すかさず入って、中にある用具とともに内側から扉を押さえる。

弟がすぐに、お母さんか病院の人か、助けを呼んできてくれるはずだ。そう信じながら震えていると。

ガタッ！　ガタッ！

外側から扉を押し開けようとする力が伝わってきた。必死で抵抗し、なんとかそれを抑える。数回の攻防が終わると、突然、扉の外がしん、と静まり返った。

すると入れ替わりに、ブツブツと呟くような声が漏れ聞こえてきた。大男の声だろうか。しかし一人ではない。大勢の人間が、同時に独り言を発しているようだった。

カリカリ、カリ、カリカリカリカリカリ
それに重なり、小屋の周りの壁を、爪でひっかくような音も響いてくる。

マサさんは号泣しながら扉を押さえ続けた。しかしいつまで経っても、二つの音が止んでくれない。

ブツブツカリカリブツブツブツブツカリカリカリカリカリ……。


いつの間にか眠ってしまったようだった。

外からの音はすっかり止んでいる。ドアの隙間からは日の光が差し込んでおり、嫌な気配も感じられない。

おそるおそる外に出る。早朝の屋上には、なんの姿も見当たらなかった。

疲れ果てたマサさんは、とぼとぼと家に帰った。母親は夜勤のため、まだ帰宅していない。頼みの綱だった弟は、布団にくるまってスヤスヤ眠っていた。

大人になった今、弟は当時を思い出してこんな言い訳をしている。

「生まれて初めてお化けを見て、あまりに現実離れしてたから……。逃げながら〝これは夢だ！〟って自分に言い聞かせて、そのまま家に帰って布団かぶって寝ちゃった。兄貴には悪いことしちゃったな」


この体験は、長らくマサさんと弟の二人以外に知る人はいなかった。

しかしつい最近、先述した光男さんを通して、私も聞き及ぶことができたのだった。

おそらく多くの読者と同じように、私は話のあちこちの箇所で違和感を覚えた。怪異と直接の関係がない上、プライベートにまつわる部分で恐縮ではあった。それでも敢えて質問を投げかけてみたところ、やはり、マサさん兄弟の家は母子家庭だということだった。

私はこの怪談を聞いている間ずっと、青白い男の子とはマサさん本人であり、大男とは彼の父親ではないのか、と感じていた。

もちろんそれはただの「解釈」であり、実話怪談を採集する上ではまったく必要のない意見である。

# 父の獣

　これもまた、前の話と似たタイプの話になるだろうか。

　歌舞伎町の裏通りに、ちょっと変な人たちの集まるバーがある。海外でも一部の人々から知られている店なので、「あそこか」とピンとくる読者もいるだろう。私と、怪談収集仲間のイマニさんは、近所に住んでいることもあり、しばしばそこでネタを仕入れているのだ。

　その時、私は同席していなかったものの、イマニさんがこんな話を聞いてきた。

「わたしとやった男は、死ぬような目にあうの」

　隣に座ったタトゥーだらけの女が、そう告白してきた。

　そのバーでは初対面の客同士が、いきなりディープな話題を交わすことも珍しくない。むしろこんな告白は大人しめの部類に入る方だが、とはいえ言っている意味がよく分からない。かなり過激なＳＭ趣味を持っているらしいので、命の危険が及ぶような行為をするということだろうか？

「そういうことじゃなくて。夢を見るのよ」

女がしゃべるたび、先端が分かれたスプリット・タンがちろちろ見え隠れする。

どうも彼女は一種の依存症らしく、日常的に男をひっかけては一夜を共にすることを繰り返していた。本当に一晩だけの出会いで終わる時もあれば、二度三度と再会する仲になったりもする。

その夢を見るのは、後者のパターンに多いようだ。

相手と体を重ねた後、眠りにつく。すると自分が真っ暗な空間にいることに気付く。右も左も分からない、真の闇だ。視界は完全に閉ざされているのだが、その代わり、音と匂いだけがくっきりと浮かび上がる。

暗闇の向こうから、何かの荒い息遣いが聞こえるのだ。

ぶふっ…ぶふっ……

そして動物の臭いが漂う。飼い犬の類とはまったく違う、もっと濃い異臭。彼女はたびたび山に棲む野生動物を目の当たりにしているというのだが、それに近い臭いらしい。

見えないけど、何かがいる。それも大きい。自分などあっという間に噛み殺してしまうような、何か。

ズウ……ン
突如、銃声が響く。何度か聞いたことのある、ライフル銃の音だ。その発砲にあわせて一瞬、目の前が光る。

そこに照らされたのは、毛むくじゃらの大きな獣だ。後ろ足二本で立っている背丈は、大人の男の倍ほどもある。

そして同時に、獣の前に立つ、一人の男も見える。斜め上にライフルを構えていて、それで獣を撃ったに違いない。男は背中を向けており、一瞬の逆光でシルエットが映っただけ。

しかしそれが、自分の父親であることはハッキリと分かる。

光が消え、また完全な暗闇に戻る。獣が倒れたような地響きが聞こえる。


そこで目が覚めるのだという。

実際、女の父親は猟師をしているそうだ。だとすれば、父親が動物を撃ち殺す夢を見ること自体は、それほど不自然ではない。

しかし奇妙なことに、その夢を見ると必ず、相手の男が死ぬような目にあうのだ。

交通事故にあったり、いきなり重い病気にかかったり、あるいは経営する会社が倒産したり……。とにかく大きな不幸が舞い込み、もはや彼女と会っている場合ではなくなってしまう。口をにごしていたが、おそらく本当に死んでしまった男もいるようだ。

「お父さんが、わたしと寝た男を殺そうとしてるんだ」

彼女はそう確信している。父親はまだ地元で健康に暮らしているが、もう十年近くも会っていないため、彼女が男遊びを重ねていると知るはずがない。それでも、何か不思議な力で娘の性の相手を察知し、危害を加えているのだろう。「生霊」という言葉こそ使わなかったが、そういった説明を女はとうとうと述べていった。

果たしてそうだろうか？

数日後、イマニさんからこの話を聞かされた私は、また余計な「解釈」を巡らせてしまった。これは前項の怪談と似たタイプでありながら、同時に真逆でもある話なのではないか？

夢の中で撃たれた獣が、彼女と関係した男たちであるのはその通りだろう。しかし獣を撃っているのは、つまり男たちを呪っているのは、本当に彼女の父親なのか？　彼女と父親の間に何があったかは知らないが、おそらく彼女自身も気付かないうちに、夢の中で父親を真犯人とすりかえているだけではないのか？

男たちを呪い、攻撃しているのは、彼女本人ではないのだろうか。

ともあれ、一連の話を終えた女は、最後にこんなことを付け加えてきたという。

「本当に呪われるかどうか、あなたも試してみる？」

イマニさんは笑ってはぐらかしたそうだ。

# いわきにて

福島県いわき市は東京からアクセスしやすく、私も比較的よく足を運ぶ土地だ。とはいえ「怪談の現場」となると、外部の人間が見つけるのは困難だ。地元の女子高生から「某大型ショップに幽霊が出る」と聞いたのでわざわざ夜遅くに訪れたりもしたが、もちろん地元の若者がちらほらと買い物しているだけ。せっかくだから缶チューハイを一本買うだけに終わってしまった。

そうした経緯があったため、いわき市出身の平くんと出会った時は、同市の心霊スポットについてしつこく聞き込んでしまった。

「小学生の時は、団地に住んでまして」

鍵っ子の平くんは、小学校低学年の頃から団地の部屋に一人ぼっちで過ごしていたそうだ。とある夕方、例によって一人でゲームをしていると、居間の電話が鳴った。

「もしもし、お父さんだけど」

近くの役場に勤めている父の声だった。

「忘れ物したんで、ちょっと事務所まで届けてくれるか。リビングの引き出しの上から二番目に鍵が入ってるから……」

父親の説明にしたがって鍵を見つけた平くんは、自宅の部屋を出た。役場は団地を抜けた隣に位置している。

いつのまにか小雨が降っていた。なるべく濡れないよう、団地棟の中や庇の下を通っていく。大通りに面していない、団地内の裏側を通るのが役場への近道なので、出勤者は皆そのルートを使う。この時の平くんもそうしていた。

すると、その細い通路の向こうに、黒ずくめの男が立っていた。黒い帽子に黒いコートを羽織った、痩せぎすの男である。こんな人、団地にいたかなと思いつつ歩を進めると。

「平くんだね」

男が話しかけてきた。

「よく来てくれたね。さあ一緒に行こう」

変態だ。平くんはとっさに無視して、そのまま横を通り過ぎようとした。

「お父さんから鍵を持ってきてと言われてるだろう?」

え、はい、と思わず返事してしまった。同じ役所の人なのかな？

「お父さんはもう鍵がいらなくなったから、一緒に行こう」

男は手をさしのべてくる。一瞬迷ったが、やはり子ども心にも男の雰囲気は異様すぎた。平くんはそのまま踵を返し、自分の部屋まで走り去った。

「しばらくして父も母も帰ってきたので、そのことを話してみたらビックリされました」

父親は電話をかけた覚えなど一切ないという。すぐに団地の大人たちが集会所に集められ、不審者を見なかったかと大騒ぎになった。黒ずくめの男については誰も目撃していなかったが、とにかく変質者が団地にまぎれこんだのだろうと、後日、注意喚起する回覧板が出回ったという。

「でも、電話の声は確かに父だったし、あの引き出しに鍵が入っているなんて、家族以外が知っているはずないんですけどね……」

平くんは大人になった今でも腑《ふ》に落ちていない。


もう一つの話も、平くんから教えてもらったものだ。

地元の大型スーパーで深夜警備のバイトを始めた時のことである。初出勤の彼は、五十代後半の先輩警備員に仕事の流れを教わっていた。年齢は自分の父親より上だが、説明も要領を得ず、正直「使えない」タイプのオジさんだった。

「まあこんなところ、誰も泥棒になんて来ないから大丈夫」

確かにデパートや、または営業時間内の万引きならともかく、深夜に食料品や生活用品の盗みに入る犯罪者など、あまり想像がつかない。周囲はそれなりに交通量も多く、かといって大都会のように外部の不審者が目立たない土地でもない。空き巣をするには不適切な環境だろう。

にも関わらず、このスーパーは常時二人体制での警備を行っているという。無駄な経費じゃないのかな、警備会社の防犯システムを使えばいいのに。バイトに応募した平くんですら、そう感じていた。

「じゃあ俺は定期点検で見回ってくるから、ここに座っておいて」

オジさんはそう指示しつつ、事務室のパイプ椅子を廊下に出した。

「あ、これに座るんですか？」

「そう。俺が帰るまで動かないで、ずっと座っといてな」

なんだよ、と平くんは不満に感じた。同じ待つにしても暖房の入った事務室にいさせてくれればいいのに。わざわざ通路に椅子を出す必要があるのだろうか？

「それでな、あのドア」とオジさんが向かいの壁を指さす。

「俺がいない間、あのドアをずっと見張っててくれよな」

確かに、さきほどから少し気になっていた。事務室の反対側に、何に使っているのか分からない部屋があるのだ。倉庫にしては小さすぎるし、従業員の更衣室も別にある。他のドアには全て「○○室」と示すプレートが貼ってあるのに、そこだけ何も表記されていない。

ともかく、その部屋のドアを注意し続けろと言い残し、オジさんは巡回に行った。言われたとおりパイプ椅子に座り、しばらくぼうっとドアを見つめる。薄暗い通路に冷気が入り込み、ただただ静かな時間が流れていく。

当然のごとく、平くんはすぐ退屈に襲われてしまった。これは新入りに対するイビリの一種だろうか。多分あのオジさんは会社もリストラされ、家にも居場所がなく、こうやって若者をいじめるのが唯一の楽しみなんだろう。

くさくさした気持ちを鎮めるため、平くんは椅子から立ち上がり、ストレッチを入念に行った。それが終わると、いちおうドアを横目に気にしつつも、事務室に入って連絡先メモや備品を見直したりもした。店長への緊急電話はこれ、最寄りの警察署の直通番号はこれ、と……。

「なにやってんだよ！」

突然、背後から怒鳴り声が響いた。振り返ると、オジさんが真っ青な顔で立ちつくしている。

「お前、あのドア見張ってろって言っただろう!」

「え、すいません、でも別に」

「なんで持ち場から離れるんだよ!」

オジさんは声を震わせながら事務室に入ってきた。殴られるのかと身構えたが、自分のバッグをひったくって、そのまま部屋から出ていってしまう。怒っているというより、なんだか怯えている様子だ。廊下を覗くと、売場フロアの方へと足早に去っていく彼の後ろ姿が見えた。

なんなんだよ……。出勤初日で放っておかれるのも困る。ちゃんと謝ろうと事務室を出た平くんは、「あれっ」と足を止めた。

いつの間にか、向かい側のドアが開いている。戸が開け放たれた先の室内がかいま見えた。そこには、机と椅子が置かれた小さな空間があるだけだった。

いや、別に見張ってなくても問題ないじゃん。そう思いつつも、オジさんの挙動や、不自然に開いた扉に不気味さを覚えたのは確かだ。

すでに見えなくなったオジさんの後を追い、売場の方へと足を進める。通用口のドアが開く気配がした。オジさんは外へ出てしまったようだ。陳列棚を横目に、平くんもその方向を目指していく。

カツ……ン

甲高《かんだか》い音の響きに、体が固まった。

カツ……ン、カツ……ン

オジさんの靴音ではない。誰か別の人間が売場を歩いている。

振り向いて目をこらす。背後の、たったいま歩いてきた通路に人影が見えた。暗闇の中で、なぜかその姿だけがはっきり浮かび上がっている。泥棒ではないか、という発想はいっさい出てこなかった。

それは、ひらひらとした洋服をまとった女だったからだ。バカンスで着るサマードレスのような格好で、ヒールの高そうなサンダルを床にうちつけている。深夜のスーパーとはまったくそぐわない格好。

そしてまた女が歩く様子も、小綺麗なファッションと対照的だった。まるで酔っぱらいか怪我人のように、右に左によろめき、前に出した両手が宙をさまよう。一歩ごとにふらつく足が、今にもくずおれそうだ。

しかしそのもつれた足は、確実に自分の方を目指している。

平くんは、がむしゃらに通用口へと走った。乱暴に扉を開け、建物を迂回しつつ駐車場へと急ぐ。幸い、車のキーはポケット内の財布のチェーンに繋がったままだ。

バイトなんてどうでもいい。このまま車に乗って家まで逃げよう。がらんとした駐車場の向こうに、自分の車が見える。念のため振り向いたが、まだ女はここまで追ってきていない。

しかし車まであと数歩というところで、平くんは転びそうになるほどの勢いで体を反転させ、そのまま市街地の方へと駆けていった。

車の後部座席に、先ほどの女が乗っていたからだ。

それからすぐにスーパーは潰れて建物もとり壊された。跡地はいまだ開発されていないそうだ。教えてもらった住所をグーグルストリートビューに打ち込むと、確かにそこが広々とした駐車場のままであることを確認できた。

次のいわき訪問時には、そこを訪れるつもりだ。

# きられる

大阪、梅田のスカイビルが竣工したのが一九九三年で、これはその数年前のこと。

学生だった生田さんは、現在スカイビルが建っている土地すぐそばのアパートに住んでいた。

当時の彼は布団に転がる時はいつも、部屋の照明をオフにして、窓から入る街灯の明かりで本を読みながら寝入るようにしていた。

窓のカーテンは閉めているが、それは実家から持ってきた丈の短いもので、下三分の一程のガラスがはみだす形となる。ただ、その窓は上が透明なガラス、下が摺りガラスとなっているため、街灯の明かりがちょうどよく漏れてきて、室内灯代わりに最適だったらしい。

その夜も、いつものスタイルで布団に寝転び、ぱらぱらと漫画をめくっていた。すると突然、奇妙な音が聞こえてきたのだという。

ドッ、ドッ、ドッ……ドッ、ドッ、ドッ……。

ちょうど三回ずつ、何かを叩くような重たい音が響きわたった。

隣の部屋のやつが何かやってるのか、うるせえな……。

最初はそう思ったのだが、どうも音は窓の方から鳴っているようだ。

工事でもやっているのか。外を確認するためカーテンをさっとひく。すると窓のいちばん上の方、透明なガラスの向こうに、「二つの手のひら」がべたっとくっついていた。その手は一瞬離れたかと思うと、また「ドッ」とこちらに向かって振り下ろされた。

「うおっ」反射的にカーテンを閉じて、後ろに飛び退く。

ドッ、ドッ、ドッ……ドッ、ドッ、ドッ……。

生田さんが呆気にとられている間も、やはり窓は三拍子のリズムで叩かれ続ける。

ど、泥棒……?

布団にくるまりつつ、おそるおそる這うようにして、もう一度窓に近づいてみる。そこでカーテンの下の隙間、摺《す》りガラスの向こうに視線が向けられた。

人の顔が、こちらを覗いていた。

ガラスが曇っているのではっきり見えた訳ではない。しかしフォルムは明らかに人間の頭部だ。窓のもっとも下の方で、首をきょろきょろと動かし、こちらを窺《うかが》っている。

生田さんの中で、それが泥棒もしくは「人間」である可能性が消えた。

この位置に顔が見えるということは、首がベランダの床を突き抜けていなければおかしい。そして窓上方に手のひらをつけているのだから、腕一本が二メートル近い長さになってしまう。

窓の向こう側にいるモノの形を想像したとたん、どうにも身動きがとれなくなってしまった。

小動物のように身をこわばらせていると、しばらくして窓を叩く音は止んだ。摺りガラスの向こうの顔も、いつの間にか消えている。外に飛び出そうかとも思ったが、あれが玄関に先回りしていたらと考えると、やはり怖くて動けない。まんじりともせず布団にくるまりながら、いつしか眠りについたそうだ。

翌朝、目覚めてから確認すれば、部屋にも窓の外にもなんの異変もない。もしかしたら悪夢を見たのかもしれない。あの時は確かに眠ってなどいなかったのだが、無理にそう思うようにした。

そして朝支度をしようとしたところで、部屋の電話が鳴り響いた。

「あんた、大丈夫なん?」

かけてきたのは実家の母親だった。

「××さんが、今朝早くにうちに電話かけてきてな」

××さんとは、母が親しくしている占い師である。生田さんはそういった方面にあまり興味がないので、どちらかといえば苦手な人物ではあった。

「それがいきなり、おたくの息子さん、〝きられる〟って言うんよ」

なんのことか聞き返しても、母親も具体的なことはよく分からないらしく、「きられる」「きられる」と心配するばかり。そんなことを告げられても、意味が分からない。馬鹿なこと言わないでくれ、と冷たくあしらい、話の途中で電話を切ってしまった。その後、大学に行く準備を整えた生田さんが、着替えようとTシャツを脱いだところ。

胸に、すうっと一本、刃物で斬られたような細い傷跡がついていた。

血は出ていないし痛みもないのだが、ついさきほど怪我したように赤く腫れている。

生田さんは慌てて実家に電話をかけなおした。母親に、もう一度詳しいことを××さんに尋ねてくれと頼むためだ。その際、昨晩の奇妙な体験も細かく伝えておいた。

母親からの折り返し連絡によれば、××さんは「あんたがお侍さんに斬られてしまう」のを心配し、注意しているのだという。とにかく、向こうがお札《ふだ》を送ってくれる手筈になったから、待っているようにとのことだった。

結論を言えば、それが功を奏したようだ。××さんに教えてもらった手順で部屋にお札《ふだ》を祀ったところ、生田さんの周囲に異変は起こらなくなった。

しかしお札《ふだ》が届くまでの三、四日間は大変だったという。

なにしろ気がつく度、手や足や体のあちこちに細長い腫れ傷がついてしまうのだ。いずれも肌に刀の切っ先をすうっと滑らせたような見た目だったそうだ。

蛇足になるが、生田さんも××さんも、この怪異の原因について「あの辺りは古戦場だから、死んだ侍の霊が出たのだろう」と考えているようだ。

これはおそらく、大阪城の南側（真田丸など）や、野田・福島の戦いについて述べているのだろう。しかし地理的には少しズレてしまっているため、私としてはこの説に疑問を持ってしまう。

歴史的な見地なら、古戦場よりもむしろ、江戸時代につくられた大規模埋葬地、大阪七墓にこそ注目すべきだ。

梅田スカイビル南側は、大阪七墓の七つのうち一つ、梅田墓地があった地域で、今でもまだ地中には大量の人骨が埋まっているはずだ。

そして生田さんの住んでいたアパートは、まさにドンピシャリで梅田墓地跡に建てられていたのである。

# 参列

岩手県花巻市で実家住まいをしている、知美さんが体験した話。

仕事帰りの彼女は、最寄り駅から自宅までの道をとぼとぼと歩いていた。晩秋の頃、地面にはすでに雪がうっすらと積もっている。

大通りから住宅街の路地に入り、鉤型《くぎがた》に折れた道を進んでいく。すると前方から、年配の婦人が歩いてくるのが見えた。

ひどく怪しい様子ではなかったが、第一印象で「寒そうだな」と感じた。

老女はこの季節にも関わらず、部屋着の上に一枚、白い薄手のカーディガンを羽織《はお》っているだけ。しかも靴を履いておらず、白い足袋《たび》にて雪の上をさくさく歩いていた。

和洋混在の奇妙さもありつつ、こんな軽装で凍えないかと心配になってしまう。痴呆老人の徘徊か、または虐待で家を閉め出されたか……。

そう考えるうちにも二人の歩は進み、老女が横をすれ違っていく。そこで知美さんは意を決し、「あの、大丈夫ですか？」と振り返った。

老女の姿は消えていた。その代わり、白いカーディガンだけが宙に浮かんでいるのだ。

それは雪の夜道を、ふわふわと向こうへ進んでいく。

……なに、これ。

ただ唖然とするばかりの知美さんは、そのまま、空中のカーディガンが夜道の先に去っていくのを凝視し続けた。そして白い点となり消えたのを見届けると、踵を返し、また自宅の方向へ進もうとした。

そこで初めて、鉤折れの曲がり角にある家に、白黒の鯨幕《くじらまく》が張ってあるのが目に入った。

看板も花輪もないが、どうもその屋敷で通夜が行われている様子だ。

「なぜかその時、挨拶だけでもしておかなきゃという気になってしまって」

知美さんは母屋の方へと歩いていった。縁側の窓が開け放たれていたため、そこから「すいません」と声をかけてみる。すぐに「どうぞ入ってください」との返答があったので、靴を脱いで縁側に上がり、すぐ正面の障子を開いてみた。

そこは広間のような空間で、小規模な通夜が行われていた。祭壇と木棺の前には数人の女性が喪服を着て座っている。

知美さんがとっさに祭壇の写真を見ると、

「正直、予想通りではあったんですが」

先ほどすれ違った老女の笑顔が飾られていた。

私は、この人が旅立っていくところに出くわしたんだ……。恐怖よりも厳粛な気持ちに包まれる。気持ちが落ち着き、改めて周囲を見渡したところで、また小さな驚きが湧いてきた。

参列者の女性たちが全員、老女と同じような白い服を身にまとっていたのだ。カーディガンの他、セーターやマフラーなど様々だが、なぜか皆、それら白い衣装を喪服の肩から軽く羽織っている。

「○○さんの知り合いですか？」

「あ、いえ、そうじゃないんですけど、実は……」

知美さんは思わず、今しがた見た体験をありのままに語ってしまった。不謹慎なことを言うな、と怒られるか心配したが、意外にも彼女らの反応は柔らかかった。

「ああ、そうなんですね。では故人も無事に旅立ったようで、なによりです……。ところで、あなたの見た白いカーディガンって、私たちの羽織ってるものと似た感じじゃなかったですか？」

そうですね、と知美さんが頷く。

「○○さんは手芸が趣味でして……。いつも白い毛糸で、真っ白な服ばかりつくってたんですよ。それを私たちも貰っていたので、今日は皆で、喪服の上に着ていこうと話し合ったんですよ」

なるほど、そういうことか。初めは少し不気味に思ったが、事情を聞いてみれば心暖まる話である。知美さんはその場で十分ほど語らい、焼香を済ませてから帰路についた。

家に着いてから一時間後。知美さんが夕飯を食べているところに、父親も仕事から帰宅してきた。

「お父さん、帰る途中の家で、お通夜やってたでしょ?」

駅から自宅までのルートは同じなので、それだけ伝えれば通じるはずと思った。

「はあ? どこのこと言ってるんだ」

いや、商店街から入った路地の、あの鉤折れになったところのお屋敷の……。知美さんが説明を重ねると、父親はとりあえず「ああ、そこなら通ってきたぞ」と位置関係は把握したようだった。しかしすぐさま、鼻で笑いつつこう言った。

「寝ぼけるんじゃないよ。あそこは二十年以上前から、ずっと空き家になってるだろ」

確かにそうだった。

知美さんが幼少の頃から、あの家はずっと廃墟になっている。何百回も前を通るうち、ただの風景として気にせずいたが、あそこに誰かが住んでいた記憶などいっさい残っていなかった。

翌朝、知美さんは通勤時にまた同じ道を通ったが、件の廃屋に人が出入りしたような形跡は見られなかった。

# 残り香

「ボウリング場の廃墟」と聞くとちょっと珍しく思えるが、意外と日本各地に点々とあるようだ。

卓也さんは友人と二人、事前に下調べしておいた元ボウリング場の建物に赴いた。

といっても彼らは心霊好きではなく、廃墟マニアの方。もちろん肝試しよりも写真撮影が目的なので、訪れるのも明るい時間帯。そのスポットも、特に怪談めいた噂は立っていないようだった。

床に転がるボウルや、散乱したピン、はがされたレール……。

そんな光景を自然光のスローシャッターで切り取っていき、なかなか満足のいく写真を撮ることができた。

さて帰ろうか。錆びた鉄階段を降りて、広々とした無人の駐車場に出る。目線を下げてデジカメのモニターをチェックしつつ、卓也さんは自分の車へと歩いていった。するとふいに、青いスカートをはいた女性の両足が視界に映った。

どん！

油断していたため、避ける間もなくぶつかってしまう。

「あ、すいません！」

とっさに前を見るが、そこには誰の姿もない。

「なに、どうしたの」

背後の友人が驚いた声をあげる。

「え、今ここに女の人いなかった？」

友人は気味悪そうな表情で首を横に振った。確かに、こんな廃墟の駐車場を誰かが歩いている訳もない。

「ごめん、なんでもない……」

空気を呼んだ卓也さんは、それ以上何も言わず謝った。

帰りの車内は、とても会話を交わすような状態ではなかった。

友人は怖いものがだいぶ苦手なようで、助手席でずっと緊張している様子が伝わってくる。卓也さんが何を話しかけても、「ああ」「そう」と一言だけしか返さない。時おり鼻をすん、すん、とすすり続けた末、「ごめん窓開けるわ」と、開いたウインドウの向こうに顔を思い切りそむける始末。気分が悪すぎて、吐きそうになっているのだろうか。

「どっかで休憩する？」

「悪い、ちょっと早く家帰りたい」

自宅まで送るという卓也さんの申し出を断り、「電車の方が速いから」と言う彼を指定の駅にて降ろす。そして実家に帰った卓也さんが玄関を開けると、ちょうど外出しようとした姉に鉢合わせした。

「なにあんた！　どんだけ香水つけてんのよ！」

顔を合わせた瞬間、そう怒鳴《どな》られた。

姉によれば、女物のべたっと甘い香水のような芳香が、彼の体からぷんぷん匂うのだという。それも蓋を開けた瓶ごと頭からかぶったような、強烈かつ濃厚なレベルなのだそうだ。

しかし卓也さんはそのような匂いを、自分の鼻ではいっさい感知できなかった。

また入念に体を洗ったにも関わらず、その匂いは三日ほど体にしみついていたようで、姉や家族をずいぶん閉口させたそうだ。

# 川に立つ女

それは野村さんが十八歳、大阪の大学に入学して初めての夏の出来事だった。

その日、野村さんは恋人の女性と男の友人二名とともに、福井県の水晶浜へと海水浴に出かけたそうだ。

さんざんに遊びつくしたため、夜遅くの帰路となった。福井から京都市内に入る頃には、もう深夜零時を過ぎていた。車は山道のヘアピンカーブを曲がっていく。野村さんは助手席の恋人としゃべりながら運転し、友人二人は後部座席で眠りこけていた。そのうち、ふとした違和感を覚えた野村さんは、スピードを落としながら夜の道に目をこらした。

走行車線の前方、左側の路肩に女性らしき人影が立っている。

この山道は何度も通ったことがあるが、深夜はほぼ交通量がなく、たまに走り屋がいる程度。住宅地までは五キロもの道のりがある。人がいる時点で珍しいし、ましてや女性の一人歩きなど考えられない。

車が近づくにつれ、女は白っぽいピンクの服を着ているると確認できた。しかしそれ以上に、異常さの方が際立っていた。服は乱れ、髪もボロボロで生気のない感じ。両手の平をぶらりと前に掲げている様子は、何かを拒んでいるかのようだ。

しかも野村さんの目には、女の姿は何重にもブレて重なり、ピンボケ写真のように見えたという。

これは、この世のものじゃない。ついに、初めて、幽霊を見てしまった。

野村さんが息を止め、おそるおそるアクセルに重心をかけていこうとした、その瞬間。

「とめてえええ！」

助手席の恋人が悲鳴をあげた。

驚いて急ブレーキをかけると、車は女の横を通り過ぎた地点で停車した。その衝撃で後部座席の二人も飛び起きる。

「とめてって、どういう……」

そう問いかけつつ振り向くも、すでに恋人は車外へ飛び出していた。バックミラーには、女に向かって走る後姿が映っている。

幽霊に向かっていくなんて、なんて勇気のある女だ……。

何も知らない友人たちは「事故ったの⁉」「恋人ちゃんは？」後部座席から口々に叫ぶ。

混乱しつつも車から降りた野村さんは、とりあえず恋人の元へと歩いていった。

「大丈夫⁉　どこから来た？」

恋人は必死に女性に話しかけている。近くで見ると、どうやら幽霊ではないようだ。しかし服はボロボロに裂かれており、靴も履いていない。

「なんやこれ、なにがあったの？」

今にして思えば無神経な質問だが、未成年の彼はそこまで気が回らなかった。恋人は驚くほど鋭い目でこちらを睨みつけ「車で送っていくから」と断言する。何も理解しないまま勢いに押され、野村さんはこくりと頷いた。


今度は運転席に野村さん、助手席に友人A、後部座席に右から友人B、恋人、女性と座ることになった。恋人はしきりに女を心配し、「もう、大丈夫だから、警察いこうか？」「体は平気？　痛いとこない？」と語りかけている。しばらくすると、女性は小さな小さなガラガラ声で、

「堀川五条はどっちですか」

とだけ答えた。

今でもハッキリ思い出せるが、それは信じられないほど、枯れて擦れたガラガラの声

だった。

野村さんが堀川五条へと車を走らせる間、恋人と友人Bは色々質問していたようだが、何も聞き取ることはできなかった。

少しして、女性が指定した場所に到着した。しかし彼女はいっこうに車から降りようとしない。帰って一人になりたくないのだろう。結局、野村さんの一人暮らしのマンションに、友人Bと恋人と四人で泊まることになった。


風呂に入ると女性は安心したのか、少しずつ口を開いてくれた。

十七歳の彼女は、塾の帰り道、男四人に車に引きずりこまれたのだという。そのまま目隠しをされ、どこかのガレージへと運ばれた。……これ以上は語らなかったが、おそらくそこで乱暴されてしまったのだろう。そして男四人はガレージの外に女性を捨て、車で去っていった。周りを見渡すと、そこはサッカーや野球をするグラウンドの駐車場だったそうだ。

女性の恐ろしい告白を、皆が無言で聞いていた。野村さんも心の底が凍りつくような思いだった。しかし同時に、不思議に思う点もあった。

女性を乗せたのは山道だ。女性が言っているのはおそらくHグラウンドだろうが、五キロほど離れた場所になってしまう。しかもそのHグランドは、近くに住宅や施設の建物が点在している。真っ暗な山の方へ五キロも歩けば、自分たちが出会った地点に辿り着きはするが……。

なぜ、わざわざ街の灯りとは逆方向に歩いていったのか？

そうした疑問に答えるように、女性は話を続けた。この部分については、私が徒《いたず》らに文章を改変するよりも、元の言葉に近いだろう野村さんからのメールをそのまま載せておく。

「連れ去られたのは本当に怖かった。けど、怖かったのはまたそれからなんです。

周りを見回すと、川みたいなものがありました。川の中に女の人が立っていてゆっくり、ゆっくり、私に近づいてくるんです。私は逃げなければ、と走ろうとしたら、動けないんです。

ああ、殺されるんだなと思いました。

自分の足を見てみるとスローモーションのように少しずつ動いているのが分かりました。まるで身体に重りをつけられているように感じました。その女から逃げました。その重りを引きずりながら。女の動きも遅いんですが、差がだんだん縮まっていくんです。

色んな場所を逃げ回りました。時間で三十分ぐらい。民家のないところばかり。あっちに行けば家があると思っても逆方向に体が動いてしまう。

初めは十メートルぐらいあった女との間隔が三メートルぐらいになったところで、女は私に向かって手を伸ばしてきました。その女は頭から水に浸かったようにびしょびしょで、顔や手がパンパンに膨れ上がっていました。その時にもうダメだと思い立ち止まりました。すると前から光がさしてきたんです」


その光こそ、野村さんたちの車のヘッドライトだったのである。

Hグランドは、確かに鴨川に隣接している。すぐ近くのHダムでも事故や自殺が多く、心霊の噂が絶えないそうだ。


この日以降、女性は、野村さんの彼女や友人Bと親しい関係になった。

野村さん自身は数回しか会っていないものの、聞くところによると、女性はそれから何年にもわたって同じ悪夢に悩まされていたそうだ。あの川に立っていた女が、ずっとずっと自分を追いかけてくる夢である。そしていつも、捕まるところで目が覚めるのだという。

その悪夢も、二、三年経つ頃には見ることが少なくなっていったそうだ。それからさらに数年後、女性は友人Bと結婚した。

友人Ｂによれば、女性は今でもたまに、夢にうなされることがあるそうだ。

# 川原の少女

オカルト・マニアの文子さんは、いつか幽霊を見たいと思っている。しかし今までそういった経験をしたためしがない。

例えば、自分の退職パーティーの時もそうだった。当時、文子さんが住んでいた部屋に同僚たちが集まり、送別会を開いてくれたのだ。

中には子連れの同僚もいたので、その小さな息子だけ、寝室で遊んでもらっていた。するとしばらくして、彼が泣きじゃくりながらこちらに飛び出してきた。

「犬を連れたオジさんがいる～」

そんなのいないから大丈夫だよ、とあやす親の後ろで文子さんはショックを受けていた。

私は犬とセットの幽霊とずっと同居してたのか！　なんで自分の前には一度も現れてくれなかったんだよ！

興奮した彼女は男の子の腕をとり「もっと詳しく教えて！」と詰め寄ったのだが、すげなくこう返された。

「他の人には黙っててくれ、ってお願いされたから言えない」

転職に伴い、ほどなくしてその部屋は退去した。大家への去り際の挨拶ついでに「犬を連れている男」について質問しようかとも悩んだ。しかしそこは「黙っててくれ」という相手の願いを尊重しておいたそうだ。


そんな文子さんにも、いまだに謎としか思えない体験が一つだけある。

これは幽霊を見たという経験に組み入れていいのか、はたして自分が見たのがなんだったのか分からない。ただ、それを見たことだけは確かだ。

もう二十年近く前、関東のある川にて悲惨な水難事故が起こった。

川原でキャンプをしていた男女十八人が、増水した中洲に取り残されてしまったのだ。当時も大きく報道されたので、記憶に残っている読者は多いだろう。また、子ども数人を含めた被害者たちが、腰まで川の水につかりながら救援を求める映像は、今でもたびたびインターネットで話題にされている。

事故発生の経緯について、避難勧告を無視したからなどと被害者たちを糾弾する声もある。しかし本書はその是非を問う場ではないので、こうした論議については脇に置いておこう。

事故当日、幾度かの救援活動もむなしく、十八人は濁流に呑み込まれていった。残念ながら、うち十三名はそのまま死亡。流された直後に岸辺へと放り投げられた幼児、および運よく対岸に流れ着いた大人三名子ども一名の、計五名だけが助かることとなる。

その時、文子さんがテレビ画面で見ていたのはおそらく、救助された子どもが一人、毛布にくるまれて搬送されるところだったはずだ。

痛ましいシーンである。文子さんも眉をひそめてテレビを見つめるしかなかった。しかしふと気づくと、画面の端に気になるものが映っている。

川原のこちら側で、スクール水着の少女が体育座りをしているのだ。髪も体もびしょ濡れのようだが、じいっと濁流を見つめ続けている。岸辺でせわしなく動き回る救助隊も報道陣も、いっこうにそれを気にする素振りがない。

この女の子は被害者家族の一人なのだろうか？　だとしたらなぜ、あれだけ濡れているのに毛布で包んだり、救急車に運んであげないのか？　そもそもずっと未成年の横顔が映っているのに、カメラはよけないのだろうか？

結論から言えば、当時の現場で、水着をつけた少女が呑気に座っているはずがない。

全貌が明らかになった今なら、もっと注視していただろう。しかしその瞬間は、まだ残りの被害者たちの安否すら不明である。文子さんも、それほどには少女に意識を留めはしなかった。

しかし数日経って状況を把握するにつれ、あの少女の正体が気になりだした。考えれば考えるほど違和感を覚えるので、それとなく会社の同僚に質問してみたのだという。

「ねえ、あの事故のニュース知ってるよね……。よく分からないんだけど、あの川原にスクール水着の女の子が座ってるの見なかった？」

その同僚は少し驚いた表情をした。とはいえ本人が文子さんと同じ映像を見ていた訳ではない。

「それ、文子さんと同じこと言ってる人がいましたよ……」

数日前、同僚はチャットルームにて常連たちと会話していた。ちょうどテレビで事故の映像が流れていたため、そちらに話題が流れていく。すると一人が「黒い水着をつけた少女が事故現場の川原に座っているけど、あれなに？」と質問してきたのだ。

しかし同僚にも他のメンバーにも、その少女は見えていなかった。同じチャンネルに合わせているので、見落とすはずはないのだが。

気になった同僚は、ネットの掲示板もチェックしてみたそうだ。するとやはり、「黒い水着の少女を見た」という書き込みが幾つか発見できた。「それ自分も見た」「あれはなんなんだ」など同調する反応もあったが、やはり自分ふくめ大多数の人間はなんのことか分からないようである。

それらの発言は掲示板内で相手にされなかったものの、ここ数日、同僚も奇異に感じていたらしい。

あれは自分の見間違えではなかった。

少なくとも、数名の人間が、同じものを見て、同じく違和感を抱いていたのだ。

「もうだいぶ昔ですけどね。久しぶりに思い出したら気になってきて……。吉田さんに聞いたら何か判明するかもしれないなって」

そう言われたところで、私が伝えられることは何もない。

本稿の執筆にあたり、文子さんから例の同僚にも連絡をとってもらったが、いったいどこのネット掲示板で見たのかは特定できなかった。

私もそれなりに時間をかけて調べてみたものの、二十年近く経過しているネット情報を検索するのは、私のスキルでは無理なようだ。

もし読者の中で、これに似た映像を見た記憶がある人がいたなら、ご一報いただけると幸いである。

# 障子《しょうじ》の炎

岩手県一関市にある佐藤さんの家に、ある日、叔父さんが訪ねてきた。
寿司の出前をとり、両親と叔父、佐藤さんと姉が和室の食卓を囲んだ。
楽しい夕餉に会話が弾む。
最初に気づいたのは誰だったろうか。
縁側に続く障子の向こうが、赤い光で照らされている。
影のゆらめきからして、炎が燃えさかっているに違いない。
火事だと慌てて障子を開けるが、縁側の向こうはなんの異変もない。
照明のない暗い庭で、ただ虫が静かに鳴いているばかり。
しかし再び障子を閉めれば、やはり大きな赤い光と影がちらつく。
何度、襖を開いて閉じてみても、ありもしない炎が映ってしまう。
そこに居合わせた全員が、不可思議な現象に首をひねる。

中でも叔父は、嫌な予感がすると早々に帰宅してしまった。
少しして、彼の妻が急死していたとの連絡が入る。
障子に炎が映ったのと時を同じくして、予期せぬ心臓発作を起こしたのだという。

# 多摩湖の廃墟

「多摩湖にある、ラブホの廃墟の話、知ってるか？」

友人のなにげない一言が、全ての始まりだった。

高校時代の夏休みの午後、千太さんの家に男の友人三人が集まっていた。テレビゲームにも飽きてきたあたりで、その中の一人が妙な話題をふってきたのだ。

彼らの学校は東京都下、三多摩の中でも北多摩と呼ばれる地域に位置する。多摩湖周辺にはなんとなく土地勘があるため、ラブホテルが幾つか並んでいることは知っている。しかしそこの廃墟の話となると、誰もピンとはこなかった。

「何年か前、A先輩が亡くなったのは覚えてるだろ」

その事故については皆の記憶に残っている。当時、彼らは中学生、A先輩は高校生だった。とはいえ中高一貫校であるため、生徒が死ぬなどという大ニュースは中学側にもしっかり入ってきたのだ。

「あれ、屋根の雪かきしてる途中、転落して亡くなったみたいな話だったけど……実は違うんだって」

本当は、多摩湖にある廃墟のラブホで死んじゃったらしいんだ。

その一言で、皆はゲームの手を止め、真剣に聞こうと耳を傾けた。友人も本腰を入れて、彼が聞いたという話の詳細を語っていった。


その冬の日、A先輩たち四人は雪の降る中、肝試しのため多摩湖に向かっていた。着いたのは三階建てのラブホで、入り口正面に受付があり、その隣の扉を入るとまっすぐな廊下が続いている。廊下左側には各部屋へのドアが点々と設置しているような造りだったそうだ。

皆でふざけあいつつも廊下を進む。試しに部屋に入ってみようと、ドアの一つを開けてゆっくり潜入する。

その途端、ザアーっという水音が響いた。洗面所の蛇口から、勝手に水が流れ出したのだ。

「逃げろ逃げろ！」

驚いた先輩たちは、慌てて建物の外へと駆けていった。道路脇の敷地にて息を整えている最中、

「あれ、Aはどこいった？」

A先輩の姿だけが消えていた。逃げる途中ではぐれてしまったのだろうか。

しかしまた廃墟内に忍び込む気もおきず、三人は建物の外を回ったり、周囲に聞こえない程度のボリュームでA先輩の名を呼んだりしていった。

「……おい、あれ」

そのうち、ホテル三階の窓から人影が覗いていることに気がついた。よく目をこらせば、Aの姿である。わざわざ一人で上まで上っていったのだろうか。

「なにやってんだ！」三人が声をかけても、まったくの無反応である。

「ふざけんな！　もう降りてこいよ！」

そう叫ぶ彼らの目の前で、A先輩の体は窓の外へと投げ出され、そのまま地面に叩きつけられた。

それこそが、数年前のA先輩の死にまつわる真相なのだという。


「そんなの嘘に決まってんじゃん！」

「知らないよ……とにかく俺はそう聞いたの」

「まあでも、面白い話だよな」

ちょうど暇を持て余していた千太さんたち四人は、件の廃墟ホテルを探索することにした。その日の夜、バイク三台で集まり、一台だけ二人乗りするかたちで、多摩湖方面を目指していった。

湖を周回する道路をしばらく走るうち、未舗装の道が左手に見えてきた。そこに入って左折、またすぐ右折すると、バイクのライトに照らされた廃屋が正面に現れる。

「ここだここだ」

友人二人がバイクのエンジンを切る。千太さんもスイッチをオフにしたのだが、その瞬間、あまりにも不気味な静寂が辺りを包んだ。思わずまたエンジンをかけ直し、アイドリング音を響かせた。

「なんだよ、ビビリだな」

からかわれようが構わない。千太さんのバイクだけエンジンをかけた状態で、ラブホへの探索をスタートした。

受付の横の扉から廊下に入ると、左側に部屋のドアが五つ並んでいる。さらに突き当たり正面にドアが一つ。その右側に二階への階段が続いている。

さっそく一つ目のドアを開き、部屋に入っていく。懐中電灯で照らしながら内部を物色していると突然、「シャーーー」と水の流れる音が聞こえてきて、友人の一人が「うお！」

と飛び上がった。

おそるおそる風呂場を覗くと、バスタブおよび洗面所の蛇口から、勢いよく水が流れ出している。驚いたことは驚いたが、事前に情報を知っていたこともあり、そこまで恐怖心は湧かなかった。

「……まあたぶん、自動で流れる仕組みなんだろう」

そんなことをしゃべりながら、隣の部屋、また隣の部屋へとまわっていく。

結果、一階廊下左側の部屋では、全ての蛇口から水が勢いよく流れ出ることを確認した。

「ほら、やっぱりセンサーが付いてるんだよ」

廃屋なのに水道や電気が通じているのは不可解だが、それもこちらが詮索することではない。謎を解決した四人は、次に廊下の端まで歩いていき、その突き当たり正面にある部屋を突撃しようとした。

まずは千太さんがドアノブに手をかけ、ゆっくりと開いてみる。

その瞬間、彼の表現によれば「視界すべてが真っ白に輝いた」のだという。

まるで目の前で強烈なフラッシュが焚かれたようだった。そんな真っ白い光の中に、無数の白い玉が浮いている。

「うわっ！」

思わずよろめいた千太さんだったが、後ろの友人たちはなんの異変も感じていないようだ。気のせいか……と思ううちに目が慣れて、部屋の様子が分かってきた。

天井から、たくさんの紐が垂れていた。

全て、首を吊るための結び方がなされている。

さらにその紐の輪っか部分に、さきほどの白い玉がぴたっとはまりこんでいた。それはまるで、首吊り死体の頭部が白く光っているようでもあった。

千太さんはとっさに踵を返し、全力疾走で入り口を目指した。

「どうしたー」「なにがあった」「逃げるな!」「おい逃げるな!」「逃げてんじゃねえ!」

背後からひっきりなしに聞こえる友人たちの声を無視して外に飛び出し、エンジンをかけたままのバイクにまたがり発進させる。ホテル前の道を左折すると、いきなり目の前に障害物が現れた。大木が二本、交差する形で倒れて道を塞いでいたのだ。もちろん来た時にこんなものは無かった。

パニックになりつつバイクを草むらに突っ込ませる。そのままガムシャラに走り続け、なんとか舗装された道路にたどり着くと、もと来た道を引き返し、最寄りのコンビニに逃げ込んだ。

十分ほど待ったところで、友人三人もコンビニに追いついてきた。話を聞いてみると、首吊りの紐や倒れた大木は全員確認しているが、白い玉については一人も見ていないらしい。不思議なことはもう一つある。逃げていく千太さんに煽《あお》られ、すぐに彼らも後を追いかけてきたのだという。だから「逃げるな」という声は絶対に誰も発していない、と断言されてしまった。

「……というのが、私が高校生の時に体験した話なのですが」

千太さんは一呼吸置いて、それから五年後の出来事を語りだした。

ひょんなことから、先述の体験談を大学の友人に話す機会があった。すると友人たちは妙に盛り上がってしまい、予定を合わせてそのラブホに突入しよう、と決めてしまったのである。五年の月日が恐怖心を薄めてしまったのか、千太さんもそれを了承した。

久しぶりに訪れるから、まず下見をしておこう。

明るい時間に、多摩湖を目指して一人でバイクを走らせた。あの時の記憶を紐解きながら、湖畔の道路を流していく。

そして一本のカーブにさしかかった時、突如、バイクの動きを制御できなくなった。曲がり切れない、と思った時にはもう、体もバイクもカーブの外側へと投げ出されていた。

後から分かったことだが、事故によって千太さんは右腕と腰を骨折しており、数日の間、意識不明の重体となっていたのである。

目覚めた時は、病院のベッドの上だった。

意識を回復した直後、千太さんの耳に、なにやら低い音が響いてきた。だんだん視界がはっきりとしてくると、そこには奇妙な光景が広がっていた。

自分のベッド脇に、神妙な顔をした両親が立っている。

その前に見知らぬ僧侶が立ち、熱心に経文を唱えているのだ。

え、俺、死んじゃったのかな。

死んだからお経をあげてるってこと……？　いやそんなはずはない。ベッドの上に寝ている感触もあるし、体も少しなら動かせる。ああ、そうか。心霊スポットに行く途中で事故ったから、お祓いしてくれているんだ。……あれ？　でも俺、誰にも心霊スポットの廃墟に行くなんて伝えてないよな？　ただ多摩湖で事故っただけなら、誰もお祓いなんか頼まないよな……。

ただでさえ朦朧とした頭では、まったく状況がつかめない。しばらくすると、両親も千太さんの意識が戻ったことに気づき、そこで読経は終了した。

「なんでこんなことをしているのか、と聞いたんですが、家族も僧侶も口をつぐんで、何も教えてくれませんでした」

また、事故当時の記憶も曖昧としていたのだが、それについて詳細を尋ねても、両親は話をはぐらかすだけだったという。

さらに五年ほどの月日が経った。多摩湖の廃墟についても事故についても忘れかけていたある日。

「突然、父親から、私が発見された事故現場の話をされたんです」

千太さんが見つかった場所は、多摩湖畔に祀られた祠の一つだった。カーブから投げ出された彼は、そこの鳥居をへし折って倒れていたそうだ。

「だから私をお祓いしたんだ、と父は言っていました」


この話を聞いた直後、私も多摩湖へと出向いてみた。

先述通り千太さんの記憶は曖昧であり、父親も詳細までは語ってくれなかったため、現場の特定は難しいようだ。ともあれ「カーブに面した祠と鳥居」という状況に適合するロケーションが見つからないかと、私は念のために確認をしに行ったのである。

多摩湖は一九二七年に完成した人工の貯水池であり、湖そのものの歴史は浅い。ただ周囲に古墳が点在していることからも分かる通り、この土地には太古より人が住んでいたのだから、それなりに古い神社や信仰地があってもおかしくない。

東村山駅でレンタルしたママチャリに乗って、多摩湖周回道路を走っていく。ラブホテルやその廃墟が点在するのは、湖畔南側のようだ。あちこちに急カーブが多いため、確かにバイク事故の危険は高そうに思えた。

ホテルの廃墟は三ヶ所見つかった。このどれかがA先輩や千太さんが突撃した建物のはずだ。もちろん現在は、入り口に厳重なバリケードが設置され、内部の見学などできるはずもない。

カーブに面した鳥居は見つからなかった。千太さんに「ここかもしれない」と事前に指摘してもらったポイントもくまなく調べてみたのだが、近くに小さな公園があるだけで、他は変わった様子もない。別地点で小さな祠を見つけたりもしたが、それはカーブ内側に建っているため除外されるだろう。「曲がりきれずに道路から投げ出された」ならば外側に鳥居があったはずだからだ。

十年の時間経過により、鳥居が撤去されている可能性も考えられる。あるポイントのカーブ外側には富士講（江戸時代に隆盛した富士山信仰）の富士塚が築山されていた。ここならかつて鳥居があったとしてもおかしくないが……それも推測に過ぎない。

とりあえず各所で撮影してきた画像を千太さんに見てもらったが、記憶に合致するような風景は見当たらなかったようだ。

「……あのですね、一つ、話してなかったことがあるんです」

明らかに気落ちした表情の私に気を使ったのだろう。インタビューしていた居酒屋の会計を全ておごってくれた上、千太さんは新たな事実を教えてくれた。

それは少し言いにくい情報であり、かつ「なぜそうなったのか」「だからどういうことなのか」といった因果関係が不明なので、今までの語りから省いていたようだ。「不明」というのはつまり、父親が何も教えてくれないからである。

「実はですね……」千太さんは、ささやくように私に告げた。

「私の父親も昔、多摩湖のまったく同じ祠の前で事故をしてまして……やはりその時、同じように鳥居を壊してしまったそうなんです」

お祓いをしたのは、そういう経緯もあったからなんでしょうね。


彼の父親が何を知っているのか、何を怖れているのか。それがA先輩が廃墟で死んだ事故や、そこで千太さんが見た怪現象、そして父子二代に渡る交通事故などと、どう関係しているのか。

その辺りの事情について、千太さんの父親は固く口を閉ざしているので、息子である彼にもいっさい分からない。

# 大イタチ

「来週の日曜日、絶対に家に来てくださいよ」

常連客のA氏から必死にお願いされ、ついつい断りきれなかった。美容師のタケルさんは重苦しい気分を抱えつつ、福岡市郊外にあるA氏宅まで車を走らせていた。

別にきらきらとしたホームパーティーに誘われた訳ではない。まあ、初対面の異業種交流という意味では、当たらずとも遠からずかもしれないが。

A氏の家には今、建物を施工した職人と、謎の霊能力者が集まっているはずだ。タケルさんはその場における、公正な第三者の見届け人として呼ばれたのである。

ことの発端は半年前、A氏がついにマイホームを新築した時点にさかのぼる。

彼はタケルさんの美容院を長年利用していたため、その時は素直にスタッフ全員で祝福したものだった。

しかしそれからというもの、来店したA氏は愚痴ばかり漏らすようになってしまう。いきなり仕事が上手くいかなくなった。それはそれとして仕方ないにせよ、家庭が明らかにおかしくなったのが辛すぎる。幼い息子がいくら可愛がっても懐かないし、妻が不自然なまでに冷たくなり、どうしても喧嘩が絶えない、などなど……。

A氏本人に原因があるのではとも思ったが、店で接する彼が穏当な紳士であることは間違いない。また、一軒家を建てたばかりの家族にしては、不仲になるのが急転直下に過ぎるようにも感じた。

そしてついに、奥さんが子どもを連れて実家に帰ったところで、A氏も原因究明のため手段を選ばなくなったようだ。

「知り合いに霊能者を紹介してもらったんですよ……」

先日、整髪中のA氏がおずおずとそう切り出してきた。

「来週の日曜、新居を診断してもらうことになったんですが……その霊能者の女性から、家を建てた大工も呼べって……」

「大変ですね、何か力になれることとあったらフォローしますよ」

うっかりそんなことを口走ったのがいけなかった。こちらとしては精神的に励ますくらいの感覚だったのに、A氏はここぞとばかりに詰め寄ってきたのだ。

「じゃあ、何かトラブルあったら嫌なので、タケルさんもうちに来てもらえませんかね？」

A氏宅に到着したタケルさんは、すぐにリビングへと通された。

そこでは一人のオバさんが、テーブル上に図面を広げてふむふむと唸っていた。おそらくこれが霊能者で、その横で怪訝そうな顔をしているのが工務店の職人だろう。横から覗き込むと、どうやら彼が持ってきた家の建築図面を眺めているようだった。

「ああ、はいはい。これ違いますね」オバさんが呟く。

「え、なにが違うんでしょうか……」A氏が不安そうに尋ねる。

「これ私、勘違いしてましたね。大工さんのせいじゃないですよ。しっかり建てられてます」

「はあ、どうも」職人が無表情に頭を下げる。

「そうするとだね……ちょっとついてきて」

オバさんは男三人を引き連れ、A氏の家をウロウロと歩き回りはじめた。全ての部屋をチェックする傍ら、何やら上の方をしきりに気にしているようだ。

「あんたたち、悪いけどお願いがあるのよ。この家の窓とか出入り口とか、外に通じる部分を残らず全開にしていってちょうだい」

その作業が終わると、オバさんは全員を二階でいちばん広い部屋に集合させた。そして天井を指差して、「ここの板、一部だけ外してもらえる？」とさらなる指示を出してきた。

「いや、外せないことはないですけどね」職人が不服そうな声をあげる。

「ジグソーパズルみたいに簡単に取り外しできる訳じゃないので。一回そこだけ壊しても、元通りにするのは、けっこう大掛かりになりますよ」

「いいでしょ？」オバさんが確認すると、覚悟を決めたのかA氏はコクリと頷いた。

工具を持ってきた職人が、天井板に向かって取り外し作業を開始する。十分ほどで五十センチ四方ほどの穴が開いた。

「ご苦労様」

するとオバさんは、やおら目をつむって手を合わせ、呪文のような言葉をゴニョゴニョと唱えだした。

なんかはじまったよ……。タケルさんと職人は、その光景を苦笑いしながら見つめていた。しかし次の瞬間、彼らの笑みは消え、代わりに驚きの表情が浮かんだ。

どどどっどどどどっ
天井裏から、連続して重低音が響きだしたのだ。明らかに、何か大きなものが凄い勢いで駆け回っている。

オバさんはそれを意に介さず、ゴニョゴニョした呟きを続ける。どどどどどどっという音は円を描くようにして、だんだんこちらへと近づいてくる。男三人はぽかんと天井の穴を見つめるしかない。

ふいに、その穴から黒い影がのぞいたかと思うと、ドシン！　と何かが落下してきた。床に叩きつけられたそれは、一瞬だけ皆の足元で身をよじり蠢《うごめ》いた。

「大きなイタチ、に見えましたね」

細長い体いっぱいに、ふさふさと焦げ茶色の毛が生えた動物だった。しかし胴体だけで一メートルをゆうに超え、尻尾をふくめれば二メートル近い体長は、イタチにしては大きすぎる。

それはすぐに蛇行するような動きで目の前から消えた。全員が視線で追ったが、あっという間に、開け放たれた窓から外に逃げてしまったという。

きちんと確認できたのは一秒ほどだろう。タケルさんによれば「自分の知っている範囲内で強いて言うなら、イタチに例えるしかない」とのことだった。

もちろん私も、そこまで大きなイタチなど聞いたことがない。最近は都会によく出没するハクビシンやアライグマなら、稀に一メートルを超える固体も出現するようだ。ただ、それも尻尾を含めての体長である。それに両動物の特徴的な色・模様をイタチと見間違えるだろうか。

いずれにせよ、本当の不可思議はそこではない。

家の構造上、それほど大きな動物が屋根裏に入り込む隙間は存在しないはずだ。新築半年なので、もちろん劣化した穴もないし、食い破られたような跡もない。これらは、その場に居合わせた職人が、後でじっくり調べ直して証言しているという。

いったいアレは、どうやって天井裏に入り込んだのか？　よしんばなんらかの手段で天井裏に侵入したとしても、今まで音も立てずにじいっと潜んでいたのだろうか？

「じゃあ私はここで」

帰ろうとするオバさんにA氏が謝礼金を出そうとしたが、「そういうものは貰わない」ときっぱり断られた。お車代だけでもと引き下がるが、オバさんは頑として受け取らない。

「ではせめて電話番号か住所を。今後なにかあったら困るので」と懇願するA氏を尻目に、オバさんはこんな言葉を告げて去っていった。

「そんなの知らなくても、もし私が必要な状況が来たら、必ず再会することになりますよ」

その後、A氏の仕事および家庭環境は好転していったという。

イタチの正体についてはあれこれ想像できるが、誰一人としてオバさんの連絡先を知らないため、なんとも確認のしようがない。

ただ、私が後日確認したところ、オバさんは去り際、A氏にこんなことを言っていたそうだ。この怪現象を推測する、何かのヒントにはなるかもしれない。

「アレは、あんたが自分の実家から持ってきたものだよ。でもこの家からはいなくなったから、もう大丈夫」

# 鉄扉

福島県のとある廃墟に、四人の男子学生が忍び込んだ。

郊外に佇む三階建てのビルで、夏の夜の肝試しにちょうどよさそうな物件だったのだ。

しかしいざ侵入してみると、まったくの期待はずれだったという。

廃墟が怖ろしいのは、誰かが生活した痕跡が残されていたり、不気味な落書きが描かれているところにある。しかしそこは遺留物などいっさい見当たらず、コンクリートだけの無機質な空間が広がっているだけ。部屋の仕切りもなく、がらんとしたフロアを一望に見渡せてしまう。

二階、三階と昇っていったのだが、やはり全て同じ状況だった。

「なんだこれ、ぜんぜん雰囲気ないね」

文句を言いつつ一階へと戻っていき、もう帰ろうかと入り口を目指していた途中、

「ちょっと待って」

一人があることに気がついた。

「あそこ、下に下りる階段があるよ」

来た時には気づかなかったが、一階フロアの片隅に、地下へと続く階段が存在していた。

じゃあ試しに降りてみようか、そう皆が合意しかけたところで、

「いや、ごめん、俺パス」

一人だけが二の足を踏んだ。

「……お前らさ、さっきから全然怖くないって言ってるけど、俺ここダメだわ。なんか空気が嫌すぎる。地下なんか絶対行きたくない」

なんだよビビリだなあ、と笑うが、彼は入り口で待っていると言って聞かない。無理に同行させても空気が悪くなるので、三人だけで地下へ向かうことにする。

階段のどん詰まりは、大きな鉄の扉となっていた。鍵がかかっているだろうと思いつつ、開閉レバーを倒してみる。すると意外にも、ぎいいっと音を立てて扉が開いてしまった。

ケータイの明かりで照らすと、やはりそこも他のフロアと同じく、コンクリートの壁や床が広がっているだけのスペースだった。

「まあ、なんにもないよね」

念のため隅々まで探索してみたが、ゴミ一つ落ちている訳でもない。やれやれ戻ろうか、

と振り向けば、開けっ放しにしたはずの鉄扉が、なぜかきちんと閉じられている。

入ってきた時、しっかり壁際まで開いて固定させたのは覚えている。地下だから風が吹くはずもないし、閉まりかければ蝶番が音をたてるはずだ。小走りで扉に近づき、またレバーを倒そうとしたのだが、今度はわずかに動いたところで止まってしまう。

「これ、鍵しまってんのか」「嘘だろ」

三人は交代でレバーを強く上げ下げしたが、ガチャガチャと音をたてるのみで開錠される気配がない。

「おいちょっと、誰かあいつに電話かけてくれよ」

一階に残した友人に連絡をとろうとしたのだが、三人のケータイはいずれも圏外になっている。

「まあ、しばらくすれば、心配して様子見にくるだろ」

なるべく鉄扉に近づき、外の気配をうかがいながら友人を待つ。しかし十分、二十分と経っても、彼が階段を降りてくる音は聞こえてこない。後から知ったことなのだが、この時、友人はあまりにも気分が悪くなったため一人で帰宅していたのだ。

「なにやってんだよ……」

そうとは知らない三人は、来るはずのない友人をひたすら待ち続けた。苛立ちと不安が

頂点へ達しようとしていた時、
ドンドンドンドン！

ふいに、扉の向こう側を叩く音が響いた。

「おせーよ！」「うちら閉じ込められちゃったんだわ！」「そっちから開けてみてくれ！」

口々にそんな言葉を投げかけたのだが、

「おーい、そこに誰かいるのか」

返ってきたのは、聞き覚えのない中年男性の声だった。

マズい怒られてしまう、とは思ったものの、それよりも救出してもらうのが先決だ。

「あ、すいません……僕たちうっかりここ入っちゃって」「なんか鍵閉まっちゃったみたいで、閉じ込められちゃって」「とりあえず開けてもらってもいいですか……？」

なるべく申し訳なさそうな声で、相手にお願いする。

「あー、そうかー。ちょっと待ってろー。人呼んでこようかー」

人を呼ぶとは、どういうことだろう？　疑問に思ったものの逆らう訳にもいかず、しばらく相手の出方をうかがっていると、

「おーい、大丈夫かー。お前らまだそこにいるかー」

また同じ声が響いてきた。

「あ、はい、大丈夫です！」

「そうかー大丈夫かー。怪我してないのかー」

「いや、怪我はしてませんけど……あの、鍵、開けられませんか？」

「大丈夫なのかー。まだそこいるのかー」

「はい、だからすいませんけど、ちょっとそっちからレバー引いてもらえます？」

「ちょっと待ってろー人呼んでこようかー」

どうも会話がかみあわない。こちらが何を言おうと、中年男はひたすら呑気な声で「大丈夫かー」「そこにいるかー」と、同じような返事を延々繰り返すだけだ。

頭のおかしいやつなのか？　はっきり言わないと通じないのか？

だんだんと焦りが重なっていった彼らは、ついに強い口調でこう言い切った。

「あの！　この扉！　今すぐ開けてくださいよ！」

すると男の返事が変わった。

「いやあ、それは無理だよお」

え？　と三人の声が止まる。

「お前らはあ、そこで死ぬんだよお」

その瞬間、大勢の人間の笑い声がどっと響いた。

数人どころではない。百人以上もいなければ出せないような、すさまじい轟音《ごうおん》だ。

三人はいっせいに鉄扉から離れ、壁際に身を寄せ合った。

扉の向こうの巨大な爆笑は、いつまでもいつまでも響き続けている。

三人は耳を押さえ、ただただ震え続けるしかなかった。

どれくらい経っただろうか、ふいに笑い声がぴたりと止み、あたりを静寂が包んだ。

おそるおそる顔を上げると、鉄の扉は、入ってきた時と同じように壁際まで開いていたそうだ。

# 埋立地の車

ホラー漫画家のNさんと話していた際、どういう流れからか「臨海副都心」つまり東京の埋め立て地にまつわる話題に飛んでいった。

「葛西《かさい》か夢の島あたりに、草ぼうぼうの空き地が広がってたのをご存じですか？」

東京ディズニーランドが出来て間もない頃だというから、私はまだ保育園児だ。近場を通ったことはあるかもしれないが、そんな風景は記憶に存在していない。

おそらく若洲の開発が始まりつつあった時代だろう。埋立地に続く高架道路はまだ工事中で、途切れたコンクリートの道が、シュールレアリスムの絵画さながら空中へ飛び出していたという。

その先がNさんの言う、手つかずの荒れ地となっていた。

「なぜか知らないけど、その空き地にずうっと黄色い車が置かれていたんです」

もちろん廃車である。とてもエンジンがかかるものでないことは、パーツの欠けた状態からも見て取れた。なにしろ、その車は上半分がきれいさっぱり無くなっていたのだから。

「本当にどうやったのか分からない程、スパッと切られていたんです」

別々の同種車について、フロント部分とリア部分をくっつけて流用するような「ニコイチ」の手段はありうる。しかしフレームを一直線に切断し、上半分だけ持っていく状況などありうるのだろうか。ましてやその切断面の鮮やかさといったら、あたかも『ルパン三世』の石川《いしかわ》五《ご》右《え》衛門《もん》が斬鉄剣《ざんてつけん》で斬ったかのようだった。

いずれにせよ、雑草の広がる埋立地に、下半分だけの自動車があるという光景はかなり異様だ。

「それをうちの兄貴が、ベータのビデオカメラで撮影したんですよ」

後日、お兄さんはその映像を確認しようと、デッキに入れて再生してみた。

ブラウン管の画面に、無機質な空き地が映し出される。カメラはそのまま草むらを分けていく。

「はい、今から例の場所に行ってみたいと思います……」

ヘッドフォンごしに音声もチェックしてみたが、問題はないようだ。

そのうち例の廃車が見えてきた。

「ここに謎の車がありますね……」

即席のナレーションとともに、カメラが上から車の内部を捉えようとした瞬間。

「おい！　映すなよ！」

ヘッドフォンの中から、そう叫ばれた。

驚きのあまり体が跳ね上がり、イヤフォンがジャックから外れる。その後は、撮影した通りの光景が淡々と流れていた。

一度だけ巻き戻して確認してみたが、さきほどの箇所に、叫び声など入っていなかった。

しかし恐ろしくなったお兄さんは、そのままビデオテープを封印してしまったという。

「もし実家から発見できたら、そのテープを見せてあげますよ」

Nさんは、私にそう約束してくれた。

# 幽霊の証明

……正丸峠《しょうまるとうげ》？

名前は聞き覚えあるけど、そこかどうかは分からないな。定峰峠か顔振峠かもしれないって？　どうだろうなあ……。

うん、埼玉県の峠道だったのは確かだよ。でもなにしろ二十年も前だし、先輩が運転する車に乗っけてもらっただけだから、俺もよく覚えてないの。

竹芝さんがまだ二十歳前だった時の思い出を語ってくれた。

当時よくつるんでいた先輩はドライブが趣味で、しばしば竹芝さんを助手席に乗せては、関東近郊へと繰り出していた。その目的は二種類に分けられる。峠での連続カーブを転がすことか、心霊スポットに突撃することだ。

その夜は二つの条件を同時に満たすべく、心霊トンネルがあるという埼玉の峠道に繰り出した。

車高の低い先輩の車が、峠のカーブを無理やり攻めていく。しばらく行くと、問題のトンネルが見えてきた。この内部の真ん中で停車し、クラクションを三回鳴らせば、逆さまになった女が落ちてくるとか、ウインドウにびっしり手形がつくとか……。

「あれ、入らないんですか？」

しかし先輩はなぜか、トンネル手前の地点で停車した。そしてサイドブレーキを引き、じっとフロントガラスの向こうを見つめている。

「……あそこ、女の子いるよな」

先輩の視線の先を見ると、確かにトンネル入り口の脇に、一人の若い女が立っている。夜中の峠道にも関わらず、町歩きをするような軽装で、バッグ一つ持っていない。慌てた様子もなく、車で来たこちらに目も向けず、ただただぼうっと佇んでいる。明らかに「ヤバい」。

ガチャリ、と先輩が運転席のドアを開けた。そのまま車を降りてトンネルに向かおうとしている。

「先輩、ちょっと、やめましょうよ」

あんなの幽霊か、そうでなくてもトラブルになる存在に決まっている。しかし先輩は竹芝さんを無視し、ツカツカと女に近づき、声をかけた。

「どうしたの？　一人？」

竹芝さんもため息をついて車外に出る。近づくにつれて、女のもつ禍々《まがまが》しい雰囲気が明確になっていく。こいつは絶対ダメなやつだろう……そう思うのだが、先輩は明るい笑顔を女に向け続けている。

「車とかないの？　待ち合わせじゃないんだよね？　ここから下までどうやって帰るの？」

女は先輩に目も合わせず、もごもごと口の中で、返事とも独り言ともつかない声を出しているだけ。

「……先輩、もういいでしょ、帰りましょ」

そっと小声で耳打ちすると
「おお、そうだな、そうしようか」

先輩はうなずきながら車を指差して、女にこう言った。

「街まで送ってくから、乗ってきなよ」

なんでそうなるんだよ！

しかも女は返事こそしないものの、車へと歩く自分たちの後ろにピッタリくっついてくる。

「はいはい、乗って乗って」

先輩が開けた後部座席のドアから、女が乗り込んでいく。こんな車に同乗したくないが、ここに置いていかれる訳にもいかない。竹芝さんもおそるおそる助手席に座る。

走行中、竹芝さんがそっとサイドミラーや横目で確認してみると、やはり女は生きた人間に見えなかった。当時はなんとも表現しようがなかったのだが、デジタル画像が普及した今なら上手い例えを思いつく。盤面が傷ついたＤＶＤの映像や、さんざん劣化したデジタル画像の、ピクセルがあちこちとんでいる感じ。女の体や服は、輪郭のあちこちがドット抜けしているような「荒いデジタル画像」に近かったのだ。

ああ、もうこれは幽霊に決まってる。とんでもないものと一緒になってしまった……。

まんじりともせず冷や汗をかく竹芝さんの横で、先輩はずっと快活な対応を続けている。

「どこから来たの？　なんで黙ってるのよ。教えたくない？　ならいいけどさ。ここらへんよく遊びにくる？　彼氏っているの？　血液型と星座はなに？」

女は何も答えず、後部座席でもずっとぶつぶつぶつぶつ、聞き取れない言葉を口の中だけで呟いている。

ひたすらしゃべる先輩と、それを無視してつぶやく女、無言で震える竹芝さん。

そんな気まずい状況がしばらく続いていたが、ふいに空気のバランスが破られた。

「……ここで降ろしてください」

今まで口ごもるだけだった女が、はっきりとそう言ったのだ。

「え、こんなところで？」先輩が答える。

「……ここで降ろしてください」

先輩は路肩に車を停めると、わざわざ降車して後部座席のドアを開いてあげた。無言で車を降りた女は、最初に出会った時のように、ぼんやり道路に立ちつくしている。

「じゃあまたね～」

先輩が窓から手を振りつつ、峠道を下っていく。何度目かのカーブを曲がったところで、竹芝さんは意を決して、

「すいません先輩……これは俺の意見なんですけど、あの女ってもしかして」

そう語りだそうとした途端、体に猛烈なGがかかった。ちょうど道幅が広くなるすれ違いゾーンにさしかかったところで、先輩が車を急転回させたのだ。

エンジン音を轟かせつつ、今来た道を猛スピードで引き返していく。

「え、先輩!?　先輩!?」

今まで見たこともないようなドライビングテクニックで、車はカーブをぐんぐん鋭く曲がっていく。すぐに女を置いてきた箇所にさしかかる。

ヘッドライトが女を照らした。先ほどと同じように、道路の真ん中に佇んでいる。

明らかに先輩は、そこへ躊躇なく突っ込もうとしている。

「ちょっと先輩、まずいですって！」

自分の忠告を無視した先輩がアクセルをめいっぱい踏み込んだのは、グオオオンというエンジンの回転音で分かった。

「やめてください！　ちょっと！　ちょ、わああああ！」

ボンネットの先が女にあたる。衝撃を予測してとっさに身をかがめたが、まるで立体映像を通過するごとく、車体はそのままスムーズに走り抜けていった。

急ブレーキで停まった車から、先輩が勢いよく車外に飛び出した。それに続き、竹芝さんもゆっくり道路に足をおろす。

今しがた通り過ぎた地点を眺めても、ただただ無人の峠道が続いているだけ。反対方向にもガードレールの先にも異変はなく、車のフロントには傷一つついていない。女は湯気をかき払ったかのように消えていた。

呆然と立ちすくむ竹芝さんの方を、先輩がくるりと振り向いた。

「あの女、やっぱり幽霊だったな！」

予想外の言葉にいっさい反応できない竹芝さんの前で、先輩は熱っぽく説明を続ける。

「俺は最初から、あの女、幽霊じゃないかとにらんでたんだよ！　なんか様子おかしかったの、お前気づいてたか？　こりゃこいつが人間じゃなくて幽霊だってこと、なんとか証明してやろうとしたんだよ。でもいくら質問しても、なかなか尻尾ださないからさあ！」

「え……？」ようやく竹芝さんが声を漏らす。

「だから今、車でひいてみたんですか？」

「そう！」

「……でももし本当に人間だったらどうしてたんですか？」

思わずそう尋ねてしまったのだが、先輩の返答を聞いた竹芝さんは、これ以上の議論は無駄とあきらめた。

「はあ？　お前、あの女が人間だと思ってたの？　あんなの幽霊に決まってんじゃん！」

以上が、幽霊を証明する実験に出くわした体験談である。

# 恐山《おそれざん》の湯小屋

私は怪談好きであると同時に温泉好きでもあるので、取材旅行中に各地の温泉に立ち寄ることが多い。

しかし温泉にまつわる怪談となると、これはなかなか取材が難しい。怪談関係の話題を忌むのは、ホテルや旅館などの客商売なら当然だ。またそれは、地元民が利用するひなびた公共浴場でも同じこと。誰だって自宅の風呂代わりに使っている場所の怖い話など広めたくはないだろう。

究極のリラックス空間である温泉は怪談との相性が悪い、と言わざるを得ない。それでも温泉探訪と怪談収集を長年にわたって続けるうち、幾つかの「温泉怪談」を採集することはできた。

まず有名なのは、恐山の宿坊に点在する四つの湯小屋だろう。恐山への入山料さえ払えばどれも無料で入浴可能で、私も全ての湯小屋に入浴している。場所が場所だけに「霊を見た」との噂は幾つか流れているようだが、私が聞いた体験談は、以下のようなものだ。

四つある小屋のうち、どれだったかは忘れてしまった。ともかくその風呂場には自分一人しか入っていなかったと記憶している。入山時間が決まっているので、夏の午後だったことも確かだ。

ふと窓外で人の気配がした。

湯気と逆光のせいもあり、ガラスを隔てた向こうには、うっすらとした人影が見えるだけ。初めは、慣れない観光客が様子を窺っているのだろうと思った。しかしその人影はじっとしたまま動かない。

いつの間にか、それが死に別れた父親に思えてならなくなった。声をかけようと、窓ガラスに手を伸ばす。

すうっと開いた窓の外には、ただ石ころだらけの恐山の風景が広がっているのみ。もちろん隠れる場所などどこにもないが、一瞬前に立っていた人影はどこにも見当たらない。

ただそれだけのことなのだが、心の奥底から寂しさがこみ上げてくる。

窓越しだけの控えめな再会というのが、あの湯小屋にふさわしい。この話を聞いた時、私にはそう思えた。

## 露天風呂の老人

次は、温泉評論家をしていた雄三さんから伺った話。

滋賀県の山奥の温泉地にある、一軒の旅館にまつわる出来事だという。その宿は十年ほど前、現オーナーが先代オーナーから経営を引き継いでいた。その際、施設は全体的に問題なかったのだが、露天風呂だけは難あり、と現オーナーが判断したそうだ。

先代が手づくりで造営したのだろうか。天然の岩を積んでいるのだが、底も側壁もまったく切り揃えられていないため、岩の各部分があちこち飛び出している。座ると痛い。寄りかかっても痛い。うずくまるような姿勢で入らざるをえないので、やがて足の裏も痛くなる。

現オーナーは譲渡後すぐに、露天風呂の改築を始めたそうだ。

新しくするついでに、景観を良くするため崖ぎりぎりまで風呂場を拡張していく。浴槽はずいぶん広くなったのだが、もちろん湧出する湯量は変わらないので、湯が一新されるのが遅くなる。そこでしばらくはテスト期間として、湯の汚れ具合を確かめるべく従業員だけで入ることにした。

するど、入浴したスタッフのうち数人が奇妙なことを言い出すようになった。その露天風呂でたびたび、見知らぬ老人を目撃するというのだ。彼らの情報を整理すると、以下のようになる。

「老人はがりがりに痩せていて、湯気の向こうから顔を出してくる」「紺絣の浴衣を着たまま湯船につかっているのだが、その浴衣はまったく濡れていない」「驚いているうちに、いつの間にか消えている……と思ったらやっぱりまだいる」「男性従業員が話しかけても無反応だが、女性従業員が話しかけると、心なしか怯えたような顔をする」

また、ここの温泉は硫黄泉なのだが、なぜか老人の方から特別に濃厚な硫黄の匂いがする、とも聞かされた。

客が入るようになってからもこの有様では、さすがに困る。現オーナーは思い切って先代にこのことを相談してみた。笑われるか怒られるかと覚悟していたものの「まあ、そりゃそうでしょうねぇ」と、気の抜けた答えが返ってきた。

数日後、先代オーナーは新しくなった露天風呂に足を運んでくれた。

「おい爺さん、もういいんだよ」

湯船に向かって一言投げかけると、満足げに帰って行ったのだという。

それを境に、老人の姿を見るものはいなくなった。

……とはいかず、やはり老人は露天風呂に出現し続けたそうだ。

いつまでも閉館しておく訳にはいかないので、仕方なく現オーナーは旅館を再オープンした。露天風呂は男性客専用で、スタッフが入ることはないので、その後どうなったかは分からない。とりあえず十年の間に目立ったクレームがきていないのは確かだ。まあ老人は何をする訳でもないので、最悪でも「浴衣を着た変な爺さんが湯船に浸かっている」と何人かの客がいぶかしむだけだったのだろう。

「少なくとも、私が入った時にはそんな爺さんはいませんでしたので、いつの間にか消えたのでしょうね」

雄三さんは私に、そう語ってくれた。とはいえ、いまだに出没している可能性も否定できないので、近々取材に赴かねばならないと考えている。

湯の方は源泉かけ流し、文句無しの名湯だったそうで、それも楽しみだ。

# 温泉とむじな

この話についても詳細は伏せておくが、温泉マニアや近隣住民なら見当がついてしまうだろう。もし場所が特定できた読者がいても、そっと心の中に留めておいてほしい。

新潟県のとある田舎町に、二つの日帰り入浴施設が並び立っていた。一軒は町営の近代的なもので、もう一軒は個人経営のひなびた民家だ。どちらも美肌効果をもつアルカリ性のぬるぬるした感触、鉄分により紅茶のようなオレンジ色が眩しい名湯だったという。

私も温泉好きのはしくれとして、いつかは二つとも入湯してやろうと狙っていた。そして数年前、ついに新潟を訪れるチャンスが到来。いそいそと現地での用事を済ませた後、レンタカーを調達し、細かい住所を調べるためインターネットを検索する。

しかしスマホに表示された情報を読み、愕然《がくぜん》とする。なんと町営施設の温泉が、わずか一ヶ月前に閉鎖していたのだ。たまたま横に新潟在住の知人がいたので、悔しさを共有してもらおうとスマホの画面を見てもらう。

「ああ、この温泉についてなら、今月号の地元経済誌に載ってましたよ」

せっかくだからとコンビニに寄り、教えてもらった雑誌を購入。新潟限定のなかなかポップな経済誌で、各企業や施設の「倒産」を報じる連載コラムに、件の温泉が取り上げられていた。全体としては経営破綻までの流れを淡々と書いているのだが、記事の最後の一文、地元民が寄せたコメントはかなり奇妙なものだった。

「あの場所は、昔から商売をしてもうまくいかないとの言い伝えがあります。というのもその昔、あそこの隣接地には焼き場があった上に、地元ではタヌキの因縁も取り沙汰されているのです」

タヌキの因縁……？　経済誌にも関わらず、いきなりの怪談めいたオチはなんなのだろう。ともあれ個人経営の施設にだけは入っておこうと、私は一人、山間の集落を目指してレンタカーを走らせた。

町に辿りつくと、確かに町営の建物には閉鎖の貼り紙が掲示されていた。もっと早く来ていれば、と残念な気持ちを抑えつつ、向かいにあるもう一つの入浴施設まで歩く。すると何故か、そちらの玄関もしっかりと閉鎖されているではないか。軒先に貼り出された紙に目をやった途端、驚きのあまり声が出た。

そこには「喪中につきご遠慮ください」との文言が記されていたのだ。

近隣の人々に事情を聴いてみると、どうやら数日前に、経営者夫婦の奥様が突然死されたのだという。もちろん、そうした事情なら仕方がない。私は泣く泣く温泉に入るのを諦めた。

そしてこれは東京に帰ってから知ることになるのだが……。

その二週間後、今度は同施設のご主人が、妻の後を追うようにして急逝してしまった。後を継ぐ者はいなかったため、そちらの施設も完全閉鎖することとなる。積年の思いを募らせていた二つの温泉は、私が訪れたタイミングで同時に消滅してしまったのだ。

補足情報をもう一つ。実は、この両施設とまったく同じ場所にて、町おこしをかけた魚の養殖業が破綻しているといった経緯もある。その苦難を乗り越えての温泉開発だった。

当初は両施設同士のトラブルもあったようだが、長年隣り合って続いてきた温泉には違いない。町の人々にとって、わずか一ヶ月の間にいきなり二つの名湯が無くなってしまったこと、しかも二人もの町民が亡くなってしまったことは悲しい偶然だろう。中には、土地の祟りといった発想をする人もいるかもしれない。

温泉に入れなかった私は、仕方なく「タヌキの因縁」について地元民に聞き込むことにした。その中の一人、初老の男性がこんなことを教えてくれた。

「タヌキ？　この辺りだと、〝むじな〟の話なら残ってるけどな。団三郎狸《だんさぶろうたぬき》は、ここから佐渡島《さどがしま》に逃げていったって話だな」

狸とむじなを同一視する地方は多い。日本三大狸の一人（一匹）で、佐渡島の総大将とされる団三郎が、かつてこの町にいたというのだ。

後日、参照した民俗資料によれば、当地では一九世紀中頃、むじなの集団が悪行を重ねていたという伝説が残されている。作物を荒しまわり、葬式の行列をまねて人間を追いまわし、岩壁の谷に転落させたり脇の下から生血を吸いとったり……数名の死者まで出たところで、ついに地元民たちはむじな退治を決行。住処である洞窟を煙でいぶす作戦に出たのである。これでむじな軍団も一巻の終わりかと思いきや、一時間後、遠く離れた佐渡島の金北山から煙が上がるのが見えた。なんと、むじなの一団は洞窟を掘り進み、佐渡島まで逃げのびたのだ。そして一団のボスはこれ以降、団三郎と称して佐渡の狸の総大将となったという。

もちろんこの逸話は伝説に過ぎない。直線距離でも百キロ離れた佐渡島まで、山も海も越えて続く地下トンネルなどありえる訳がない。ただ、むじなが農作物を荒らし、それを村人が退治したというのは実際の出来事だろう。なにしろ「むじな穴」と呼ばれる巨大な洞窟が、いまだ現存しているからだ。インタビューの流れで、初老の男性がその洞窟に私を案内してくれた。

男性の軽トラックに乗り、しばらく走ると、山の尾根にぽっかり開いた洞窟が見えてきた。

入り口脇の看板には、昭和三十八年に作成された内部の地図が記されている。それによれば、洞窟内部はまさに地下迷宮と呼べるほどに道が入り組んでおり、おそろしく広大な空間が展開されているようだ。一番奥まで続く道は、もはや地図からはみだしており、「↑佐渡島へ」なる文字がうっすら残されている。

しかし洞窟に入ってみると、入ってすぐの地面が盛り上がっており、それ以上奥に進むことはできなかった。

「二〇〇四年の地震で崩れたのよ。昔は入り口がもっと広くて、ずっとずっと奥まで行けたんだ」

少し離れたところから、初老の男性が声をあげた。確かに、天井と地面のわずかな隙間から覗けば、まだまだ奥へと空間が広がっている気配がする。その隙間は人間が通れるほどではないが、むじなのような小動物なら、今でも通行できるだろう。

「まさか本当に、佐渡島まで続いているはずないですよね」

私は笑いながら男性に尋ねた。

「続いてる、って地図に書いてあるんだから、続いてるんだろう」

洞窟の中から振り返ると、身をかがめた男性が、外からこちらを覗いていた。

「佐渡島まで行けたんだったら、そこからこっちに帰ってくることもあるかもな」

彼の顔は、逆光のせいで黒くつぶされている。

「むじなの中には、まだ恨みに思ってるやつもいるんじゃないか」

その声は冗談めいていたが、顔に笑みを浮かべていたかどうかは分からなかった。

# ここも古いから

温泉怪談の最後に、バスガイドの紀子さんの体験を。

ある日のツアーを終えた深夜、紀子さんは大浴場へと向かった。その温泉旅館には従業員専用の風呂もあるのだが、大浴場の閉まる零時の時間帯からは、紀子さんのような外部スタッフが入浴してもよいことになっていた。

一階のロビーを抜けていくと、大浴場の手前に小さな売店があった。深夜だというのに従業員のオバさんがレジ横に立っている。何かの片づけでもしているのだろうか。

「お疲れさまです」

紀子さんが会釈すると、向こうも「こんばんは」と一礼を返してきた。

大浴場に入ると、まずはカランの前に座り、洗面器を使ってかけ湯を浴びる。そこでふと、湯船に誰かが入っているのが横目に見えた。

浴槽は広く、その人物は端の方に浸かっていた。湯煙で気づかなかったが、女性従業員の一人だろう。こちらに背を向けるようにして、黒い髪の後頭部が見える。髪は長そうだが結わえておらず、首から下の毛はそのまま湯船に浸されていた。

「お疲れさまです」

遅ればせながら、気を使って声をかけておいた。相手からの反応はない。まあいいや、とシャワーレバーを押して、また湯を浴びる。

とん、と二の腕に何かが触れ、すうっ、と撫でていった。人の指のような感触だった。とっさにそちらを振り向いた。しかし自分の横には誰の姿もない。浴槽の女は、さきほどとまったく同じ位置にいる。もちろん手の届くような距離ではない。気のせいか、と顔を前に向けると、
とん、すうっ
再び、浴槽側の二の腕に指らしきものが触れ、撫でていった。ぱっと顔を向けるも、やはり女は微動だにしていない。

明らかにおかしい。そういえば、さきほどの脱衣所のカゴには、自分以外に誰の服も入っていなかったような気がする。

怖くなってきた紀子さんが腰を上げかけた途端、いきなり周囲が真っ暗になった。

「ひっ」と思わず声が漏れた。停電だ。非常灯もないのか視界はいっさいの闇である。

どこかに手をつこうと両腕で宙をまさぐる。

「これ、停電ですよね！　どうしましょう！」

浴槽に向かって声をかけるが、女は何も答えない。その代わり、じゃぼ、じゃぼ、と水面が大きく揺らめくような音が聞こえてきた。

こっちに向かってきている？　パニックになりかけた紀子さんは、四つん這いのようになって出入り口を目指し、脱衣場に転がり込んだ。そのまま手探りで脱衣カゴをひっかきまわし、なんとか自分の浴衣を探り当てると、ただ羽織るだけで外に飛び出した。

廊下もやはり真っ暗だ。壁に手を添えつつ少し進んだところで
「大丈夫ですか？」

すぐ近くで、中年女性らしき声が心配そうに語りかけてきた。声色からして、先ほどの売店のオバさんだろう。

「そこから動かない方がいいですよ。すぐおさまると思うし」

「あ、はい。そうします……」

ほっとした紀子さんは、壁に背中を預け、そのままへたりこんだ。

「よくあるのよ。気にしないでちょうだい」

「そうなんですか」

「怖がっても仕方ないわね。ここも古いから、色々あるのよ」

「はあ……」

暗闇の中、ぽつりぽつりと言葉を交わしていく。しばらく経つと、ぱあっと周囲が明るくなり、見覚えのあるロビーの風景が広がった。

自分の横には、誰の姿もなかった。

オバさんも、あの売店も消えている。初めから存在しなかったように、その空間はただ壁がまっすぐ続いているだけだ。

翌日確認したところ、館内の停電などいっさい起こっていない、とのことだった。

# ホオノキ

その町の人々は、一本のホオノキをひどく怖れている。

山梨県甲州市、JR某駅のすぐそば、S神社の境内に生えるご神木のことだ。神社が鉄道と隣接しているため、ホオノキの枝はのびのびと線路上空にはみ出してしまっている。にも関わらず、JRも町の住民たちも、樹の伐採はおろか、枝払いも、葉をとることすらもできない。そんなことをすれば命の危険があるからだ。

彼らはこの樹の祟りを信じている。ここ百年のうちに、数十人もの死者を出したという祟りを。

私が件のホオノキについて知ったのは、斎藤氏という人物が記した小冊子によってだった。彼は樹木にまつわる祟りや霊験に詳しく、また出身地がこの近辺だったことから、ホオノキにまつわる歴史についての詳細な聞き取り調査を行っていた。

私も本稿執筆にあたり、斎藤氏に直接面会し、取材させていただいた。以下、彼の小冊子とインタビュー、そして私が調査で知った情報を混ぜつつ、ホオノキにまつわる歴史を紹介しよう。

「あのホオノキについては、江戸時代より昔からも祟り話はあったんでしょうがね。とりあえず記録に残ってるエピソードに関しては、横っちょに鉄道を敷いたところから始まっとる訳です」

明治三十六年、中央本線が延び、S神社およびホオノキのすぐ脇を通ることとなる。その際、国鉄はわざわざホオノキの脇だけカーブして線路を敷設している。ということはつまり、この時点ですでに怖ろしい神木と目されていたはずだ。

大惨事が起こったのはその二年後の五月。

この辺りの地域には柏《かしわ》が生えていないため、端午《たんご》の節句《せっく》の柏餅は、ホオの葉っぱで巻くのが慣わしとなっていた。そしてこの年に限り、Kという集落が、例のホオノキの葉を拾って餅をこしらえたのだ。もちろん祟りの木であるとは知っていたが、まさか落ちた葉っぱをとるだけで障《さわ》りが起こるとは、誰も思わなかったのだろう。

しかし餅を食べた直後、K集落の村人は次々と急病に倒れ、死んでいった。一、二年経つ頃には、十二戸あった集落のうち、わずか軒数のみが残されることとなる。しかしそれらの家も、大洪水に見舞われて流出。集落は完全に壊滅し、数名の生き残りだけが別の地へと移転したのだった。

もちろん、これを祟りと考えるかどうかは各自の判断によるだろう。大量の病死について地元役場の職員は「今で言うコレラでしょう」と答えている。私が調べたところ、当時の山梨県下では赤痢《せきり》が流行していたので、そのせいかもしれない。また洪水については、山梨一帯を襲った明治四十年の大水害のことで間違いないだろう。これらはK集落のみに起こった現象ではないため、県内全体の災厄とホオの葉っぱをとった時期が、たまたま重なっていただけと捉えることもできる。

とはいえ、周辺地元民が祟りではないかと恐怖したのは確かな事実だ。その証拠にこの後、大正時代の駅拡張、昭和初期の電化時などに伴い、たびたびホオノキ伐採案が提出されるも、工事を引き受ける人間が一人も出ず、のきなみ撤回されてしまっている。

しかしついに昭和二十八年、架線にかかって危険なホオノキの枝払いをすることとなった。何も根元から伐採するのではなく、ただ伸びた枝を整理しようとしただけだ。それでも地元民たちは、丁寧な慰霊祭を催してから作業に臨もうとした。

ただしS神社は宮司も誰もいない無人の社なので、近所で石材店を営むS氏が神官の代わりを勤めた。注連縄《しめなわ》を張りお神酒《みき》を捧げた後、地元の電力区員六名が枝払いを行ったのである。長年に渡りのびきった枝は、神社の屋根に肉を食い込ませ、ノコギリで切るのもたいへん苦労したという。

そしてこの後、作業にあたった人々が連続して不幸に遭ってしまう。

まず一ヶ月後、電力区員のM氏が電車にはねられ、即死する。祭りの夜、酒に酔った彼がトンネル内の線路を歩いていたところ、背後から列車に激突されたのだ。この事故については、私も当時の地元新聞記事を探し当て、確認している。M氏が亡くなったトンネルも特定できた。そこは現在、心霊スポット扱いされている場所なのだが、この事故との関連性はあるのだろうか。

死の連鎖は続く。今度は同僚F氏が、不動祭の夜、甲府駅近くの線路を歩いていたところ、背後から列車にはねられて死亡。まさにM氏と同じような状況で、両氏とも事故に遭った時刻まで同じだったという。また別の電力区員のうち、A氏は突然の病死。N氏は静岡転勤後の夜間作業中、これも列車にはねられて死んでいる。作業メンバー中で生存したのは二名だけだが、いずれも同時期に、瀕死の重症を負うような大事故に遭遇。そのうちの一人は息子までもが交通事故を起こしており（生死は不明）、強度のノイローゼによって休職を余儀なくされた。

さらに神官としてお祓いを執り行ったS氏もまた、彼らの死亡事故と時を同じくして命を落としていた。地元のマス養魚池にて、溺死体となっているところを発見されたのだ。なぜ池に落ちたのかはいまだ謎のままである。

斎藤氏の冊子では、これら人物全員がフルネームで具体的に記されている。ただの噂の類でないことは明らかだ。

そして昭和四十三年五月十五日、またもホオノキへの畏怖がよみがえることとなる。

S神社から線路をまたいで向かい側にあるY中学校。その生徒たちが大事故にあったのだ。彼らを乗せて京都に向かっていた修学旅行バスが、バイパスに出たところで脇見運転の大型トラックに衝突される。バスは右正面を大きくえぐられ、死者六人、重軽傷者二一人の大惨事となった。

当時の新聞記事を幾つか読んでみたところ、不可解な点が目に付いた。事故当時、トラックを運転していたのは正規の運転手ではなかったのだ。ドライバー社員は事前に二週間の休暇をとっていたにも関わらず、なぜか一時間だけ運転した後、積み下ろし要員である未成年の助手に運転を交代している。その少年は無免許で運転経験もなかったため、交代後わずか数分で事故を起こしてしまったのだ。軽い気持ちでハンドルを任せたのだろうが、あまりにも不条理ないきさつではないか。

「……実は、その事故の三日前にも、ホオノキがいじられていたそうですな」

斎藤氏は、地元民からそのような証言を得ていた。ホオノキの線路上の枝、もしくは地中にせり出した根を危険と判断し、国鉄関係者が伐採したのが五月十二日だったというのだ。

「それ以降、触らぬ神に祟りなしということで、誰も手を出さなくなりまして。今のところ大きな事故や事件は起きてないようですが……あの樹が今でも危険なのは確かでしょうな」


私も、実際に現地を訪れてみた。

駅から降りてすぐにS神社はある。まず中央本線をまたぐ鉄橋に立ち、線路上から神社方向を望むと、すぐに問題のホオノキが目視できた。神社境内からフェンスを越え、立派な枝ぶりが飛び出している。

そして空中に延びたホオノキと線路の間は、頑丈そうな鉄骨の屋根で仕切られていた。枝払いすらできないため、問題の箇所だけに屋根を建てたのだ。地元の噂によれば、建築に際してJRは二億円もの出費をこうむったというが……それは定かではない。

神社前に立てられた案内板には、地元の教育委員会により、こんな文言が記されていた。

「この朴《ほお》の木は、日本武尊《やまとたけるのみこと》がこの地に憩った折り、杖にしたものが発芽したものと伝承されている。古来からこの神木を疎《おろそ》かにすると、不祥の事件が起きると信じられているので、神意に逆らわないようにしている」

地元民たちにも話を聞くと、全員が異口同音に、祟りへの恐怖がいまだ現地に根付いていることを証言してくれた。

「子どもの頃からホオノキに近づくなと教えられていますね」

「あそこはね……けっこう人が死んでるとは聞いてますよ」

「今でも月に一度、八王子駅からお偉方が来て、お神酒《みき》をお供えしていくらしいです」

その中のある夫婦に「そうは言っても、悪ガキがイタズラする場合もあるんじゃないですか？」との質問をぶつけてみた。すると先方は笑顔と驚きが入り混じった、何をバカなことを、といわんばかりの表情で、

「ないない、ないですよ」

二人揃って手を振りながら答えた。

「そんなの、今も昔も絶対ありえませんよ。みんな小さい頃から、とにかく近づくなと釘をさされてますから」

これはあながち大げさな反応でもないようだ。ここ数ヶ月、私の周囲の知人たちからも

広く情報を集めていったところ、地元を知る人たちの声が幾つか集まってきた。次に紹介するのは、星野さんという方から寄せられた情報。

いわく、地元の小中学校では、長期休暇の前のホームルームで「S神社に入ってはいけない」と注意されるそうだ。特に冬休み前には、教師たちが厳重に禁止を通達してくる。その理由は二つ。新年の初詣で神社に行く機会があること。もう一つは、冬に落ちたホオの葉が木枯らしに舞い、体に接触する危険があるからだという。

何も知らない部外者からすれば、過敏なまでの畏怖・恐怖にも見えるだろう。

斎藤氏の言うとおり、確かに地元民は「触らぬ神に祟りなし」でホオノキに近づかないため、ここ五十年近く、誰かに危害が及んだとの報告は出ていないようだ。ただし、あの樹の怖ろしさを知らぬ外部の人間がやってきたとしたら、話は別になってくる。

星野さんはまた、彼の知人Aと、その友人Bにまつわる話も収集してくれた。

当時、少年だったAは、友人Bと連れ立ってS神社に突撃していった。彼らは地元民ではないのだが、祟りの噂を聞きつけ、実物を見てみたくなったのだ。

二人は境内を散策し、最奥にひっそり佇むホオノキへと辿りつく。ヤンチャな性格の少年Bは、そこで笑いをとろうとしたのだろうか。ズボンを下ろしてしゃがみこんだかと思うと、脱糞を始めてしまったのだ。さらには落ちていたホオの葉をつかみ、尻の汚れを拭くという蛮行《ばんこう》までしでかした。

次の日から、Bの様子がおかしくなった。いつも元気いっぱい、クラスのムードメーカーだったのだが、明るさはかけらも無くなり、ずっと何かに怯えるようになってしまった。

そのうちBは、親とともに神社や寺のお祓いに通いつめるようになる。

しかしそれでも、様子が改善する気配はいっこうに窺えない。心配して話を聞けば「どこを訪ねていっても、いつも、顔色を変えた神主や住職に追い出されてしまう」のだという。どうしたらいいのか分からない、とBはまったく途方に暮れていた。

そして半年もしないうちに、Bは家族ごと姿を消してしまった。事の真相は不明だが、周囲の皆は口々にこんな噂話をささやいた。

Bは自殺してしまったらしい。彼の家族たちも心がおかしくなって、町内から逃げるように立ち去ったのだ……と。


また別の人物から、ホオノキについての似たような話を取材できた。こちらは珠代さんという女性が直接に体験した出来事だ。

珠代さんは知人の妻で、私も昔から面識のある人物だ。私がホオノキの情報を集めていることを旦那経由で知り、彼女の遠い記憶へと繋がっていったようである。

珠代さんが中学二年生の時のことだ。

「夏休みが終わる八月三十と三十一日、塾の先生と二人で、上高地までの一泊旅行をしたのね。大学生のアルバイト講師だったんだけど」

講師は鉄道マニアだったので、青春18切符を駆使して松本市へと辿り着き、松本駅前のビジネスホテルに二八〇〇円で宿泊したそうだ。

「ちょっと待って」

どうしても気になったので、私は話の腰を折って尋ねてみた。

「その講師って男だよね？　なんで塾の先生と教え子の中学生がお泊まり旅行なんてしてるの？」

「なんでって、そんなの皆してるでしょ」

「皆はしてないでしょう」

「いやでも、皆そういうことしてるよ。知らないの？」

そこまで断言されたらこちらも何も言えない。彼女の旦那も同席していたし、大人しく体験談の続きを聴くことにした。

「今から思い返すと、そもそも松本のホテルに泊まった時から変だったのね」

三三五号室に泊まった彼らが寝ていると、ずっとドアの外から「ちぃいん、ちぃいん」と奇妙な音が響いている。明らかに廊下に何者かがいて、鈴を鳴らしているようだ。

さすがにおかしいと思って二人ともベッドを抜ける。ドアを開けて廊下を見渡してみるが、誰もいない。しかしまたベッドに戻った途端「ちぃいん、ちぃいん」が響く。しばらく待っても止まないのでまた廊下を見る。誰もいない。ベッドに戻るとまた音がする。

それが夜の間ずっと続いたそうだ。

翌日、二人はまた在来線に揺られながら、東京への帰路についた。その途中、講師がとつぜん「ここで降りよう」と途中下車したのである。S神社のある例の駅だ。彼らがホームに出ると、また別の若い女性が一人、自分たちに続いて電車を降りていった。

「怖いの、好きでしょ?」

鉄道に詳しい講師は、中央本線とホオノキにまつわる祟り話を耳にしていたのだ。怪談好きの珠代さんを喜ばせようと、ホオノキの枝をはらった人々が何人も死んだこと、その葉を食べた集落が全滅したことなどを一生懸命に語った。

ただ、彼らはうっかり反対方向を目指してしまったようで、幾ら探しても肝心のS神社を見つけられない。仕方なくいったん駅に戻り、鉄橋の上から探すことにした。すると、少し離れたところに、一緒に電車を降りた女がぼんやり立っていた。そしてすぐ、彼らの視線に気づいたように、ふらふらと歩き出したのだ。

「様子がおかしいから、あれについていってみようってなったのね。なんか誘われてるみたいに感じて。自分も先生も、ちょっと変な感じになってた」

するとすぐにS神社についた。境内を見渡すが、先に着いたはずの女性の姿はどこにもなかった。

というより、不自然なまでに人の気配がいっさい感じられない。神社の周囲も、隣接する小学校のグラウンドも無人で、がらんとした空間に蝉の鳴き声がこだまするだけ。そういえば改札を過ぎてから、誰一人として町の住民を見かけていないのでは？　夏休みなのに子どもが一人も歩いていないのは、八月三十一日だから宿題の追い込みに忙しいのだろうか。

祟りについて書かれた案内板を確認し、ホオノキへと近づいていく。生え変わりの時期だったのだろうか、地面には落ちたホオの葉が散乱していた。それを見たとたん、珠代さんの嗜虐《しぎゃく》心がうずいた。

「先生、この葉っぱ、食べてみてよ」

珠代さんはいきなり、講師の若者に向かってそんなことを要求した。

「え、やだよ」

当然、相手は拒否するのだが、何度も何度もしつこく食べるように詰め寄る。なよなよしたタイプである彼は、ついに断りきれず頷いてしまった。

「わたしは葉っぱに触るのも嫌だったから、先生に自分で拾わせて、食べさせたのね」

するとすぐに、講師の目つきがおかしくなってきた。

「どうしよ、どうしよ」と呟きながら、その場をぐるぐると回り続ける。汗まみれの顔は真っ白で、体の震えの大きさが尋常ではない。

「マジでヤバイかなと思ったんで〝お賽銭箱に百円あげたら大丈夫じゃない？〟って提案してみたんだけど」

講師は震える手で財布から小銭を取り出し、賽銭箱に投げ入れた。すると百円玉はあらぬ方向に飛び、チャリンと地面に落ちてしまった。それを拾いなおし、今度は賽銭箱の真上から隙間に落とそうとする。しかしそれも箱の端にぶつかり、跳ね飛ばされてしまう。あまりに体が震えているせいもあるのだろうが、何度試してもコインが箱に入らないのだ。

「あの女のせいだよ！」

もはやパニック状態になりかけた講師が、そう叫んだ。先ほど見た女を、なぜか悪者扱いしている。

「あの女がここに誘ってきたんだよ！　あの女おかしくないか！」

……こいつ、もう、ないな。

珠代さんは、自分の気持ちがすうっとシラけていくのが分かった。

「もう駅に帰るよ」と講師に告げ、そのまますたすたと神社を後にする。やはり町には人っ子一人いる気配もない。駅にも誰もいないのではと思ったが、さすがに改札内には駅員が立っていた。講師は切符を買わされた直後、あたふた男子トイレに駆け込んでいった。

やれやれ、とホームに続く階段脇にもたれかかる。

その途端、「バン！　バン！」という物音がトイレから響いてきた。

慌てて中を覗いてみると、講師が個室に入り込んで、そのドアを必死に叩きながら「閉められない！　閉められない！」と叫んでいる。

個室のドアは横にスライドさせるものだったのだが、それを一生懸命に押したり引いたりしているのだ。

騒ぎを聞きつけた駅員がやってくる気配がしたので、珠代さんは厄介なことにならないようその場から離れ、外で時間をつぶした。少しして駅に戻ってみると、講師の姿は無くなっていた。おそらく一人で電車に乗って帰ったのだろう。

「でもその後、先生とはまったく連絡とれなくなったんだ」

携帯電話も通じない。塾のバイトにも来なくなっており、どこでどうしているのか、行方すら分からない。珠代さんの方も熱心に探した訳ではないが、あの夏休み最後の日を境に、彼の消息を知る機会は二度と訪れなかったのである。

「その人、どうなったんだと思う?」

私の質問に、彼女はこう答えた。

「先生ねえ……たぶん死んでる」

S神社境内のいちばん奥。本殿の物陰に隠れるようにして、そのホオノキはある。

その様子はまるで、この樹の前に神社を建て、人々を本殿より奥に近づけないよう結界を張ったようにもとれる。しかし古代にそうした処置をなした人物がいたとしても、まさか神社のすぐ裏手に鉄道が敷かれるとは思いもよらなかっただろう。

ホオノキは胴回りも高さもそれほど巨大ではなく、とても何十人を殺した祟りの木には見えなかった。思うがまま四方八方に、枝と青い葉を茂らせた様子は、一見、爽やかな光景にも感じられてしまう。しかしそれは逆に言えば、他の何ものをもけっして触れさせない、触れさせない、触れられない、強烈なタブーを端的に表してもいるのだ。

その町の人々は、一本のホオノキをひどく怖れている。

# あとがき

幽霊はいるのかいないのか。心霊現象は実在するのかしないのか。

その真偽についてどう思うかは各自の自由だ。また、心霊を信じる・信じない、いずれのスタンスをとるにせよ、怪談を楽しむ行為そのものとは本質的に関係はない。

私はと言えば、いっさい霊感がないこともあり「幽霊がいるかいないかはどちらでもいいけど〝とりあえず〟いる方向で考えよう」といった立場をとっている。ただしこれは「科学的実験で観測可能・再現可能な対象として、幽霊が実在することがいつか証明されるはず」と思っている訳ではない（もちろん、その可能性があることも全否定しないが）。

これはもう「いる」「ある」という言葉の捉え方の違いだ。私の「いる」「ある」は物理現象として視覚的・データ的に表すことのできる「いる」「ある」ではなく、生きている我々と異界（＝死）との関係性が紡ぎ出すなにかとして、幽霊や心霊が「いる」「ある」のではないか、という意味で使っている。目に見えないしデータとして証明できないけれど、皆が「愛」や「美」や「善悪」を「いる」「ある」ものとして扱っているのと同じことだ。

心霊否定派の中には、こんな反論をあげてくる人々がいる。

「もし幽霊が本当にいるのなら、原始人の霊や縄文時代の人の霊が出てこないのはおかしい。なんで現代人の霊ばかりがアンバランスに頻出するのか」

「数千年単位で見たら世界中どの場所でも人が死んでいるはずだ。どこでだって幽霊が見えなければおかしいのに、心霊スポットという特異点があるのは不条理だ」

これはそもそも、幽霊が物質として存在しなければいけない、という命題を大前提としている。近代自然科学として観測可能なものでなければ「いる」「ある」と言えないとする立場だ。もちろん心霊肯定派の中には、同じ目線で「幽霊は物質として存在している」と主張する人もいるだろうから、その人たちと議論すればいい話ではある。しかし私のように、そうした前提条件で幽霊を捉えてない人間は、こう返すしかない。

「それは死んだ縄文人について、ほとんどの人が興味ないからでしょ」

「自分の家の土地で三千年前に人が死んでたって、別にどうでもいいからでしょ」

これが親族の死であったり、三十年前の陰惨な殺人事件だったりすれば話は別だ。がぜんこちらの心に関心と興味が生まれ、心霊現象への手がかりとなる。つまり我々の側で関係性を感じなければ、幽霊や怪談は生まれないのだ。その証拠に、京都のような千年前レベルの過去と密接に結びついている街では、今でも鎧武者の霊が目撃されるではないか。

そしてこの関係性の面白いところは、たとえ心霊体験者が「親族の死」や「三十年前の陰惨な殺人事件」についての情報を直接知らなくても、それにまつわる怪異と遭遇してしまう点だ。そもそも知識を得なければ興味も関心も持てないのだから、私の言う「関係性」は生じないはずではないか。

これは、私たちがただ個人として生きているだけでなく、社会と歴史の中で生きているから起こる現象なのだろう。その土地にまつわる事件や事故の具体的な詳細が全ての人々から忘れ去られたとしても、遠い伝言ゲームのようにして「なにかの記憶」だけは空気として伝えられている。それを無意識のうちに情報として受け取った人が、怪異と遭遇する形で関係性を結んでしまうのではないだろうか。

その「なにかの記憶」は、さすがに縄文時代レベルの過去までいけば断絶してしまうものの、私があちこちを取材している実感として、百年・二百年くらいはしっかり残されているようだ。だから私は、なるべく聞き及んだ怪談の現場に足を向けるようにしている。霊感のない私が、体験者と同じ怪異に出くわす可能性はほぼゼロに近い。それでもその場所に残された「なにかの記憶」に一触れでも出来ないかと、聖地を巡礼する信仰者のように、私は怪談現場を目指して歩きだすのだ。

吉田悠軌

# 恐怖実話 怪の手形

2018年1月4日　初版第1刷発行

著者　吉田悠軌
デザイン　橋元浩明(sowhat.Inc.)
企画・編集　中西如(Studio DARA)
発行人　後藤明信
発行所　株式会社 竹書房
〒102-0072 東京都千代田区飯田橋2-7-3
電話03(3264)1576(代表)
電話03(3234)6208(編集)
http://www.takeshobo.co.jp
印刷所　中央精版印刷株式会社

定価はカバーに表示しています。
落丁・乱丁本の場合は竹書房までお問い合わせください。

ISBN978-4-8019-1332-5 C0176